부산에서 찾아보는 이중섭 흔적

「예술문화총서 11」

부산에서 찾아보는
이중섭 흔적

정석우 지음

해피북미디어

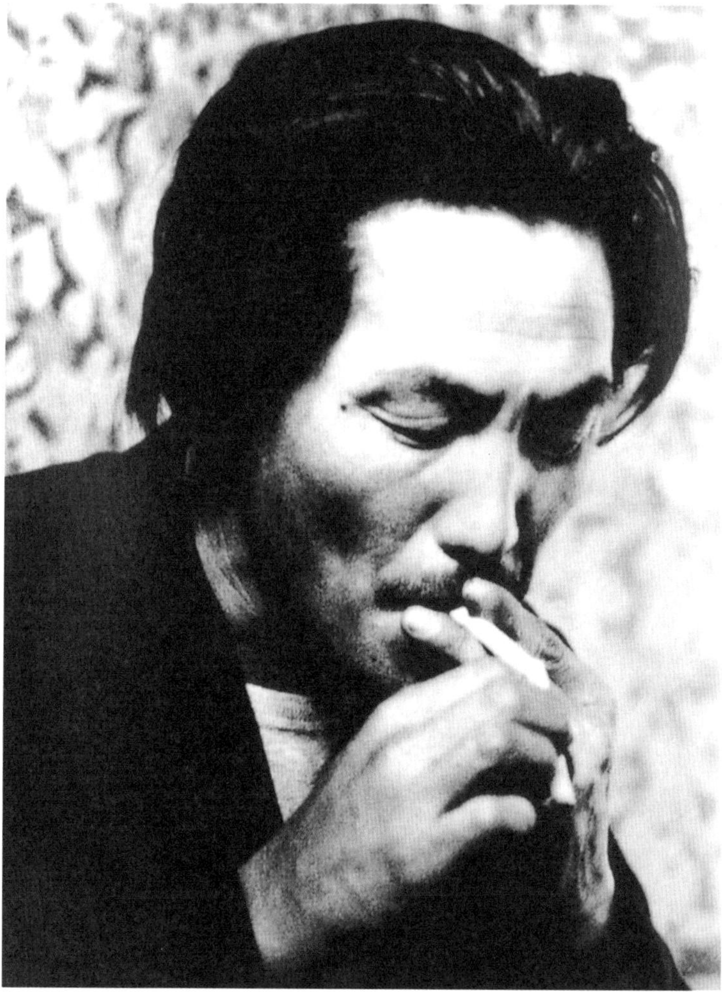

담배불 붙이는 이중섭

서귀포미술관 소장

들어가면서

2016년 봄 무렵에 민주공원에서 38번 버스를 타고 산복도로를 내려가다 범내골 근처에서 차창 밖으로 이중섭 전망대를 만났다. 좀 어리둥절했다. “여기에 왜 이중섭?” 싶었다. 옛날 중고등학교 시절 미술 교과서에서 이중섭의 〈황소〉 그림을 보았고 뭔지 모를 강렬한 인상을 받았지만 그게 전부였다. 미술은 물론 이중섭에 대해 아는 게 없었다. “이중섭이 부산에 살았던가?” 싶어 이리저리 찾아보았다.

이중섭은 6·25 전쟁 때인 50년 12월 초에 원산에서 배를 타고 부산으로 피란 왔다. 그 후 56년 9월 서울에서 세상을 떠날 때까지 5년 10개월 동안 부산, 제주도, 통영, 진주, 서울, 대구를 흘러 다녔다. 그중 거의 2년을 부산에서 지냈고 가장 오래 머물렀다. ‘흘러 다녔다’고 한 것은 이중섭이 그 어느 곳에도 자기 삶의 뿌리를 두려고 한 것 같지 않다는 느낌 때문이다.

부산에서 지낸 2년 동안 이중섭은 우암동, 범내골, 동천, 문현동, 대청동, 영주동과 아는 사람의 집을 돌아다니며 숙식을 해결했다. 범내골 시절 아내와 두 아들을 일본으로 떠나보냈고 자신도 일본으로 갈 수 있는 배편을 찾기 위해 부산항 부두를 헤매었다. 부산에 이중섭의 발자취가 많이 남아 있어야 하지만 서귀포 이중섭 미술관처럼 눈에 보이는 것은 없다. 굳이 이야기한다면 범내골 이중섭 전망대 정도이다. 하지만 머물렀던 곳은 아니고 이중섭이 〈범일동 풍경〉을 그린 곳이 여기가 아닐까 해서 조성한 곳이라고 한다. 그러므로 부산에서 이중섭의 흔적을 찾는 데는 추정 또는 추리력이 크게 작용한다.

이중섭의 그림과 삶을 이야기하는 책과 회고담, 신문 기사는 상당히 많은 편이다. 하지만 "부산 어디에서 어떻게 지냈을까?"를 이야기하려면 모자이크처럼 여러 이야기를 찢어 붙여야 했다. 작은 조각으로 흩어져 있는 이야기를 모으고 확인해서 다시 재구성하려고 했다. 이중섭을 회고하는 이들의 이야기는 대개 이중섭 사후 20년, 30년이 지난 것들이 많았다. 기억에 오류가 있을 수 있었고 확인이 필요하였다. 확인할 수 없는 경우는 여러 주장을 함께 실었다.

부산에서 이중섭은 전쟁 피란민이었고 생활이 어려웠다. 이리저리 떠돌아다녔고 불안하였다. 당시 피란민들의 고달픔과 어려움을 이중섭을 통해서도 읽어낼 수 있다. 이중섭이 머물렀던 지역의 당시 모습을 불완전한 대로 재현해볼 수 있을 것 같았다. 이중섭의 삶도 잠깐 살펴볼 수 있었다. 게으르고 모자라서 여러 가지로 미흡하고 오류도 있겠지만 하나의 시도로 의미가 있을 것 같다는 생각을 하였다. 눈 밝은 이들이 바로잡고 보완하여 주기를 기대한다.

부산은 흔적이 없는 도시다. 모든 흔적들은 떠나는 배가 남긴 자국들이 몇 번의 파도에 지워지듯이 맥없이 사라진다. 그리하여 우리 문화사에 가장 극적이었던 시간표와 지형도들을 추억 한 점 없이 지워버린 도시, 근대의 도시, 그것이 부산이다.

(이성희 시인, 「흔적을 찾아서」, 부산일보, 1999년 9월 17일)

차례

들어가면서		7
1장	50년 12월 6일, 원산	14
2장	50년 12월 9일, 부산 적기 피란민 수용소	36
3장	51년 12월 범내골, "범일동 '하꼬방(판잣집)'"	72
4장	52년 6월, 이남덕의 일본행	92
5장	이중섭과 돈	112
6장	52년 여름, 동천 아틀리에	126
7장	52년 가을, 영도 대한도기 작업실	140
8장	52년 겨울, 문현동 판잣집	160
9장	부산의 다방과 이중섭	178
10장	53년 봄, 대청동 1가 20	196
11장	53년 여름, 가을, 영주동 〈판잣집 화실〉	214
12장	광복동 검문소	250
맺음말		261
주		266

1장

50년 12월 6일, 원산

1장 50년 12월 6일, 원산

이북에서 월남한 게 언제였습니까?

한국동란이 일어난 그해 겨울이었지요. 12월 6일로 기억합니다. 이북으로 진주했다가 중공군의 개입으로 다시 남하하게 된 한국 해군의 배로 내려왔습니다. 부산에 도착한 게 9일이었으니까 원산에서 부산까지 3일 걸린 셈입니다.[1]

1986년 여름 『계간미술』, 「이남덕 여사 인터뷰」에 나오는 이야기이다. 이남덕은 '따뜻한 남녘의 큰 덕을 지닌 사람'이라는 뜻으로 결혼 후 이중섭이 지어주었다. 일본 이름은 야마모토 마사코이다.

소 그림으로 유명한 화가 이중섭(1916~1956)은 당시 서른다섯 살이었고 부인 이남덕(1921~2022)은 서른하나였다. 첫째는 태어난 지 얼마 안 돼 디프테리아로 사망하였고 둘째 태성(1947~)[2]은 네 살, 셋째 태현(1949~)은 두 살이었다. 이들은 1950년 6월 6·25 전쟁이 일어났을 때 원산에 살고 있었다. 중공군의 개입으로 유엔군이 후퇴할 때인 1950년 12월 원산에서 '한국 해군의 배'를 타고 부산으로 피난하였다.

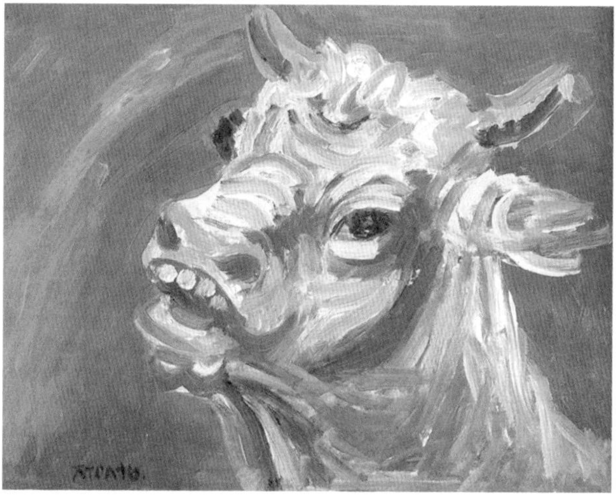

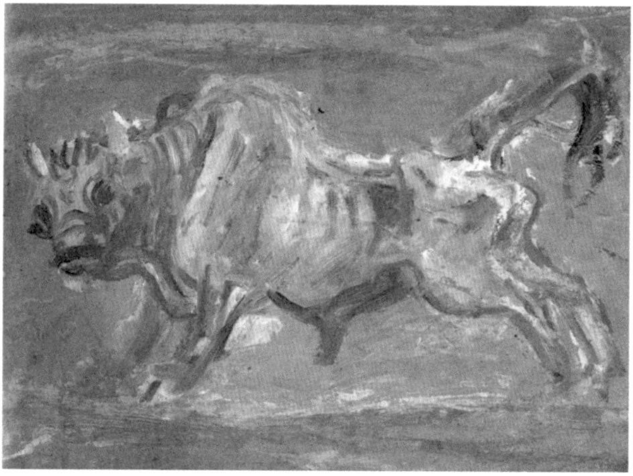

(위)황소

(아래)덤벼드는 소

이중섭과 이남덕(야마모토 마사코)

이중섭과 야마모토 마사코는 일본 도쿄의 문화학원에서 만났다. 이중섭은 36년 2월 평북 정주의 오산고보를 졸업하고 일본 도쿄로 건너갔다. 도쿄제국미술학교 서양화과를 다녔으나 그만두고 37년 문화학원 미술과에 입학했다. 야마모토 마사코는 2년 후에 입학하였다.

두 사람은 다방 같은 데에서 자주 만났다. 이중섭은 보들레르라든가 발레리, 릴케, 베르렌느 등의 시를 외워서 들려주거나 어떤 때는 릴케의 시구를 아주 정결하게 베껴서 준 적도 있었다. 이중섭은 소설보다는 시를 아주 좋아했다.[3] 남녀가 팔짱 끼는 일이 드물었던 시절에 팔짱을 끼고 걷는 것을 야마모토 마사코의 엄마 친구가 보고 일렀던 적도 있었다.[4] 두 사람이 사귄다는 것이 알려지고 나서도 야마모토 마사코의 부모가 반대하지는 않았다. 야마모토 마사코는 "부친은 '미쓰이(三井)' 재벌의 계열회사인 전일본창고주식회사의 사장"이었고 "자유개방적인 일면이 있는 사람"이었다고 회고한다. 야마모토 마사코가 "개인의 자율을 존중하는 개화풍의 학교였"던 문화학원에 "입학한 것도 이런 집안 분위기여서 가능했"[5]다.

야마모토 마사코는 2학년 때 문화학원을 그만두었다. 1939년에 들어가서 40년에 그만둔 것 같다. 문화학원을 그만둔 야마모토 마사코는 "양재와 요리를 배우며 가정에서 쓰는

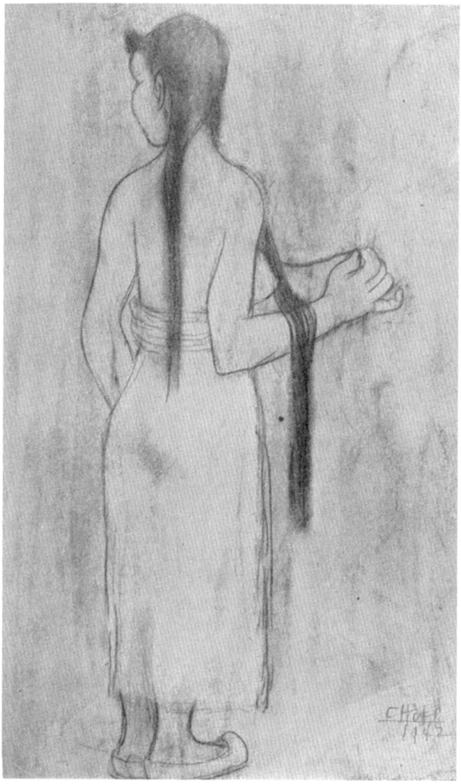

여인. 아내 이남덕을 그린 그림이다.

기술을 익혔"[6]다. 이중섭은 40년 3월 문화학원을 졸업하고 연구과에 진학하여 42년 3월 졸업하였다. 이후에도 일본에 남아 미술활동을 이어갔다. 이 시기는 37년 일어난 중일전쟁과 41년 12월 일본의 진주만 공격으로 시작된 태평양 전쟁이 계속되던 시기였다. 전쟁으로 어지러웠고 불안한 시기였다. 이 무렵 이중섭은 야마모토 마사코에게 그림엽서를 보내 마음을 전하였다. "글의 내용 없이 오로지 그림만을 그려서 보낸 그림엽서이다. 현재 1940년 말~1943년 7월(3년 6개월)까지 보낸 88점의 엽서화가 전해온다."[7]

이중섭은 43년 8월 귀국했다. 그 직후에 "서울에서 열린 작품전에 참가하여 도쿄의 마사코에게 초대장을 보냈다."[8] 귀국한 이후에도 편지 등을 통해 연락을 주고받은 것으로 보인다. 45년 봄에 이중섭은 야마모코 마사코에게 전보를 보냈다. "결혼을 서둘러야 한다. 자세한 내용은 편지 보내겠다."[9]는 내용이었다. 이중섭이 45년 봄에 결혼을 결정한 이유를 알 수 없으나 편지보다 먼저 전보를 보냈다. 빨리 알리고 싶었던 것 같다. "(야마모토 마사코) 아버지도 결혼 반대를 안 하셨죠. 하지만 그림 그리는 건 걱정되셨나 봐요. 밥 벌어먹고 살 수 있을까 하는 그런 걱정 말이에요. 결혼 반대는 전혀 안 하셨어요. 당시에 도쿄가 공습을 당했잖아요. 그때 결혼을 안 하면 다신 못 볼 것 같았어요. 결혼을 서둘러야겠소. 남편도 같은 생각으로 전보를

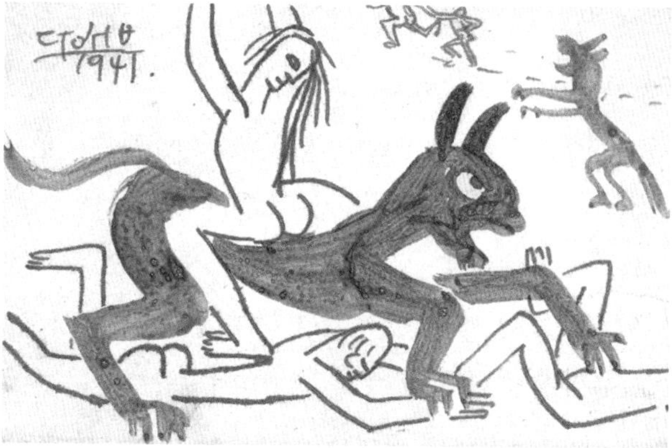

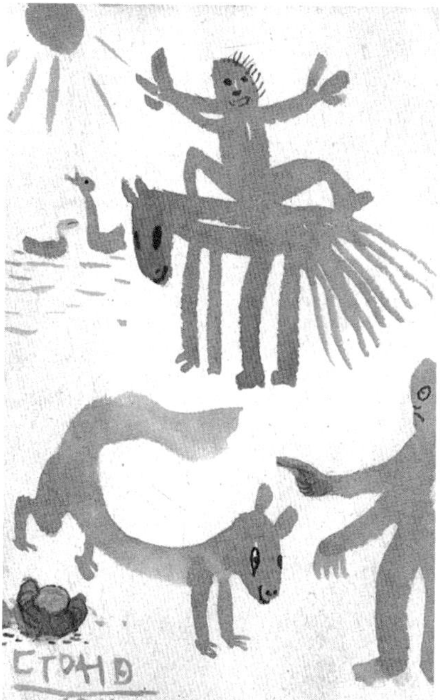

(위)엽서화

(아래)엽서화

보낸 거지요. 빨리 그쪽으로 오란 내용이었어요."[10]

태평양 전쟁 중 45년 2월 25일 미군의 B-29 174대가 도쿄를 공습하였다. 3월 9일 밤에는 B-29 334대가 "소이탄 약 32만 7천 발"(약 2,000톤)을 투하했다.[11] 이를 도쿄대공습이라고 부른다. 소이탄(네이팜탄)은 안에 기름이 들어 있는 폭탄으로 "투하하면 공중에서 터지면서 네이팜에 불이 붙어 땅에 흩어지는데 3,000도의 고온을 내며 지름 30미터의 불바다를 이룬다."[12] 소이탄이 떨어진 도쿄는 불바다로 변하였다. 이 폭격으로 "추정 사망자 10만 명, 이재민 100만 명, 가옥 26만 8,000호"[13]가 화재 피해를 입었다. 하룻밤의 폭격으로 10만 명이 사망하였다. 당시 도쿄에 살고 있었던 야마모토 마사코는 죽음의 그림자를 느꼈던 것 같다. "그때 결혼을 안 하면 다신 못 볼 것 같았"[14]다. 야마모토 마사코는 혼자서 길을 나섰다. 야마모토 마사코의 아버지는 차편을 얻어 주었다.

> 소화 20년… 그러니까 1945년 4월이었습니다. 룩색을 등에 메고 자그마한 손가방 두 개를 양손에 쥔 저는 나흘이나 걸려서 일본 규슈의 하카다에 도착했습니다. 전쟁이 막바지였던 때라 교통편이 거의 전무하다시피 했죠. 아버지가 교통공사에 부탁해서 차편을 겨우 얻었습니다. 당시의 일본은 도처에 매일처럼 아메리카군 비행기의 폭격이 있었으니까요. 정말 먹지 못하고 마시지 못하는, 그야말로 죽는 게 두렵지 않

은 여행이었죠.

시모노세끼에 도착하니까 이번엔 한국으로 가는 배가 없다는 거예요. 얼마 전 정기연락선이었던 금강환이 아메리카 잠수함의 어뢰를 맞고 침몰했다는 겁니다. 그래서 하카다로 나와서 임시연락선을 타게 된 거죠. 보잘것없는 자그마한 배였습니다. 나중에 안 것이지만 이 배가 일본과 한국을 잇는 마지막 배였다고 해요. 무섭다는 생각은 없었습니다.[15]

『계간미술』 1986년 여름호, 「이남덕 여사 인터뷰」에 나오는 이야기이다. 이남덕은 '룩색을 등에 메고 자그마한 손가방 두 개를 양손에' 쥐고 도쿄를 출발하였다. 이즈음 부산과 시모노세키를 오가는 관부"연락선이 전쟁물자 수송선 역할을 하자 미국 잠수함의 어뢰 공격을 받아 여객선이 침몰"[16]하였다. 미군 잠수함이 대한 해협을 돌아다니며 일본군 수송선을 공격하던 때였다. 이런 상황이어서 45년 4월에는 관부연락선이 다니지 않았다. 이남덕이 탄 배는 '자그마한 배'여서 일본군 수송선으로 보이지 않았을 것이다.

다시 3일인가 나흘이 걸려 경성(서울)에 도착한 저는 조선호텔로 갔어요. 빈 방이 없어서 호텔 앞의 무슨 여관엔가에 짐을 풀고 조선호텔의 전화로 원산의 주인(이중섭)에게 장거리 전화를 넣었습니다. 마사코가 한국으로 왔다고…. 그래서 그

이가 서울로 저를 데리러 왔지요.[17]

이남덕은 2016년 〈주간조선〉 인터뷰에서 좀 더 자세하게 전한다.

떠나기 전 아고리상과 전화통화가 됐는데 건너오기만 하면 친구가 부산항으로 마중을 나갈 것이라고 하더군요. 친구에게 부산에서부터 서울까지 안내도 부탁해놓아 서울 호텔로 와서 기다렸어요. 아고리상이 귀한 사과와 삶은 달걀을 양손에 가득 들고 왔어요. 사과는 당시 도쿄에서도 구경하기 힘들었어요. 아주 맛있게 먹었던 기억이 나요.[18]

'아고리상'은 이중섭의 별명이다. 이중섭과 이남덕은 1945년 5월 원산에서 결혼식을 올렸다. 사모관대 하고 족두리를 쓴 조선식 전통혼례였다. 태평양 전쟁 말기의 어려운 때였지만 양명문, 오장환, 구상, 한상돈 등 이중섭과 가까웠던 시인과 화가들이 와서 축하하였다. 양명문은 '축혼시를 지어 낭독했다.' 결혼 축하연에서 이중섭은 노래를 불렀다고 한다.

중섭은 시종 순수한 미소를 지으면서 대해 주었고 그 무한히 부드러운 바리톤으로 노래를 불렀는데 곡목은 늘 두 가지였다. 하나는 춘원 작사인 〈사자수〉였고, 다른 한 곡은 〈소나무야〉였다.

노래하는 포즈도 좀 수줍은 편이어서 앉아서 부르는 것이었는데, 오른쪽 볼에 오른 손길을 가볍게 펴 붙이고 부르는 것이었다. 어디서 그렇게 부드럽고 고운 노래가 나오는지 아마 중섭은 성악을 했어도 좋았을지 모른다.[19]

결혼 후 이중섭과 이남덕은 원산 광석동 본가에서 멀지 않은 산중턱에 전셋집을 마련하여 분가하였다. "해성국민학교가 내려다보이는 언덕바지로 풍광이 좋"[20]았다. 응향 사건 후인 47년경 시인 김광림은 이중섭의 집을 방문하였다

두 칸이 될까 말까한 방 두 개의 함석지붕의 소옥에서 그는 살고 있었다. 아랫방이 부인 남덕 여사와 아이들의 거실이고 웃방이 그의 아틀리에, 이 비좁은 아틀리에에는 엿장수나 고물상에서 뒤져낸 듯한 골동품과 제작 중의 그림 몇 점이 널려 있었다. 책꽂이에는 주로 화집과 시집이 있었는데, 일어판 프랑스 사화집 『빈랑수』를 여기에서 처음 보았다.[21]

시인 양명문은 이즈음의 이중섭 모습을 전하고 있다.

해방 후에 중섭은 가끔 평양엘 왔다. 나와 중섭은 시내 골동상을 배회하면서 조선조 백자 항아리며 필통 등을 샀다. (…)

옷차림은 꼭 무슨 직공의 노동복 같은 것을 입고 광부들의 모자 같은 것을 쓰고 다녔다. 그러나 몸에 꼭 맞고 매우 세련된 스타일이어서 특이한 멋을 지니고 있었다. 어느 모로 보나 상식적인 차림은 아니었다. 그렇다고 의식적인 부자연은 없었다. 노르스름한 코밑수염이 잘 어울리기도 했다.[22]

1950년 12월 원산 철수

1950년 6월 25일 북한군의 기습 남침으로 전쟁이 일어났다. 6·25 전쟁은 7, 8월 낙동강을 사이에 두고 대치하였다. 9월 인천상륙작전의 성공으로 유엔군과 국군은 서울을 되찾았다. 이어 38선을 넘어 북쪽으로 진군하여 10월 10일 원산, 20일에는 평양을 장악하였다. 유엔군의 공세는 계속되었고 전쟁은 곧 끝날 듯이 보였다.

1950년 11월 중공군이 6·25 전쟁에 참전하였다. 중공군의 기습공격을 받은 유엔군과 국군은 12월 초에는 남쪽으로 후퇴하기 시작하였다. 갑자기 전세가 뒤집혔다.

널리 알려진 흥남 철수는 12월 15~24일에 있었다. 원산 철수는 그보다 빠른 12월 초였다. 구글 지도를 보면 흥남이 북쪽이고 원산은 남쪽이다. 직선거리로 70~80km쯤 되어 보인다. 70~80km면 부산에서 경주나 진주 근처쯤 되는 거리다. 흥남보다 남쪽인 원산 철수가 빨랐던 것은 원산에 중공군과 북한군이 먼저 들어왔기 때문이다.

> (12월 3일경) 이 무렵 원산지역은 3,000여 명의 북한군이 덕원으로 침입해 원산을 위협하는 한편 마식령을 넘은 중공군과 합세함으로써 전황은 더욱 긴박하였다. 12월 7일 원산을 위협하던 적은 덕원의 외곽고지를 점령하고 원산 시가에 대한 공격을 개시하였다. 마식령을 넘은 중공군이 원산 동측으로 접근하자, 원산 시내에는 적 게릴라까지 출몰하였다.[23]

국방부 군사편찬연구소에서 펴낸 『중공군 참전과 유엔군의 철수』에서 전하는 이야기이다. 마식령은 원산의 서쪽을 가로막고 있는 고개이다. 강릉의 서쪽 대관령과 비교할 수 있다. 덕원군은 구글 지도를 참고하면 원산 북쪽에 있는 덕원역 근처인 것 같다. 강릉 북쪽의 주문진과 비교할 수 있다.

50년 12월 3일경 원산 북쪽 덕원군에 북한군이 나타났고 이남덕과 이중섭 일행이 원산항에서 해군 후송선을 탔던 때는 6일이다. 피난은 불과 3~4일 만에 급박하게 결정되었다. 7일 북한군은 '원산 시가에 대한 공격을 개시하였다.' 서쪽 마식령을 넘은 중공군도 원산에 접근하였다. 8일에는 중공군과 북한군이 원산을 장악하였다.

피란

새벽에 시어머니가 집으로 찾아와 중공군이 몰려오니 빨리 도망가라고 해서 미 군함을 얻어 타고 부산으로 왔어요."[24]

이중섭의 노모 이 씨는 새벽에 찾아와서 '빨리 도망가라'고 했다. 이남덕과 '밀도 높은 인터뷰'를 했다고 하는 오누키 도모코에 따르면 "12월 6일, 해가 뜨기 전에 벌어진 일이었다고 마사코는 확실히 기억했다."(오누키 도모코, 『이중섭 그 사람』, 혜화 1117, 2023, 152쪽: 이하 '오누키 도모코 152쪽'으로 기록)

이중섭은 1916년 9월 16일 토요일 평안남도 평원군 조운면 송천리 742번지에서 태어났다. 구글 지도를 보면 평원군은 평양과 경계를 접하고 있는 곳이다.

이중섭의 집안은 "할아버지 때 소작 토지를 늘려 700석이나 되는 논밭을 경영하는 지주가 되었고 100평 건평에 100칸짜리 정자형(井字形) 기와집에 살기 시작했다."[25] 아버지 이희주(1888~1918)는 이중섭이 세 살 때인 1918년에 서른 살의 나이로 세상을 떠났다. 아버지가 떠난 집안은 어머니와 형 이중석이 짊어졌다. 이중섭의 어머니 안악 이 씨는 "평원 고을 농촌에서 유명한 여장부로 알려"[26]져 있다. 형 이중석은 '다쿠쇼쿠대(척식대) 상과를 졸업하고 경성 동일은행을 다녔다. 이중석은 1932년 "어머니를 설득하여 평원군의 논밭을 정리"[27]하여 이중섭 집안의 원적지인 원산으로 이사하였다. 원산에서 '백화점 백두상회'를 경영했고 크게 성공하였다.

50년 12월에 형 이중석(1905~?)은 실종 상태였다. 12월 3일경 원산에 북한군과 중공군이 나타났다는 소식을 이중섭의 노모 안악 이 씨가 먼저 들은 것 같다. 새벽에 찾아와서 '빨리 도망가라'고 했다. 이중섭의 피난길에 형 이중석의 아들 이영진이 동행한 것도 안악 이 씨의 뜻으로 보인다.

화가 한상돈 가족도 이중섭 가족과 같은 배를 탔다. 한상돈(1908~2003)은 원산에서 이중섭의 형 이중석과 '친히' 지냈다. 한상돈은 '당국의 요청'으로 이중섭과 같이 "휴양소로 이름난 평안북도 선천에 가서 벽화를 그"린 적이 있었다. "함께 묵고 자며 1개월 가까이 걸"[28]렸다. 한상돈의 아내도 일본인이었다. 같은 입장이어서 이남덕과 교류가 있었다.

> 이것은 문자 그대로 탈출이었다. 1·4 후퇴를 앞두고 원산은 뒤숭숭했다. 1950년 12월 3일이었다. 중섭이 아내 남득과 두 아들을 데리고 우리집엘 와서 「한형! 어떻게 했으면 좋겠습니까」 하고 묻는 것이었다. 그때 나도 피난을 가느냐 마느냐 망설일 때였다. 나는 중섭에게 「우리 어디 부두에나 한번 나가봅시다」 하고 가족들은 집에 두고 둘이만 부둣가에 나가보았다. 부두는 난장판이었다. 전쟁이 딴 게 아니라 바로 이것

이 전쟁이었다.[29]

화가 한상돈이 전하는 이야기이다. 한상돈은 '남덕'을 '남득'으로 적고 있다. 이중섭은 한상돈을 찾아가 피난을 의논하였다. 두 사람은 부두에 나가보았다. 부두는 '난장판'이었고 '전쟁'이었다.

> 어쨌거나 우리는 원산 탈출을 결심하고 가족과 함께 부두로 나갔다. 발디딜 틈도 없었다. 그러나 나는 미군대령의 사인을 믿고 사람 새를 뚫고 나갔다. 철조망 앞 보초에게 사인을 보여주었다. 미군 보초는 한참 동안 사인을 훑어보더니 들여보내 주는 것이었다.
> 이렇게 하여 나의 식구 5명, 중섭의 식구 4명 그리고 중섭의 조카인가 하는 사람이 철조망을 패스하게 되었다. 바다에는 많은 LST가 떠있었다. 우리는 어디로 갈지를 몰랐다. 그렇게 어리둥절해 있는데 미군 MP가 다가왔다. 그리고는 중섭을 보더니 다짜고자 「유 스파이, 유 스파이」라고 소리치지 않는가. 어수룩한 중섭의 차림, 놀란 장닭과 같은 몰골이 빚은 오해였을까? 나는 놀라 뛰어가서 그 MP에게 「이 사람 노 스파이! 노 스파이!」 하고 외쳤다. 그러나 말이 잘 통할 리 없었다. 이렇게 곤경에 처해 있는데 군복을 입은 한국 사람이 지나다가 이 광경을 보고 통역을 하여 위기를 모면했다.[30]

한상돈은 '알음'이 있는 미군 대령을 찾아가 '부산행 패스에 사인'을 받고 '4일' 부두로 나갔다고 한다. 한상돈은 부두로 나간 날을 '4일'로 기록하였다. 이남덕은 6일이라고 했다. 12월 3일경 원산에 북한군과 중공군이 나타났다고 하므로 아무리 급박해도 피난을 의논하고 부두에 나가보고 미군 대령의 사인을 받으려면 시간이 필요해서 6일이 아닌가 싶다.

원산항 피란민과 LST사이에는 철조망과 보초가 있었다. LST는 영어사전을 찾아보면 Landing Ship Tank의 줄임말이고 "(병사, 전차 등의) 상륙용 주정"[31]으로 번역된다. 전투에서 병사와 전차 등을 해안에 상륙시키는 전투용이나 이때는 피란민을 태워 부산, 거제도 등으로 이송하였다. 원산에서 부산까지 3일쯤 걸린 것 같다. 한상돈은 미리 받아온 '미군 대령의 사인'을 보여주고 철조망을 통과하였다. 중간에 이중섭은 스파이로 몰렸다. '어수룩한 중섭의 차림, 놀란 장닭과 같은 몰골이 빚은 오해'였다.

『이중섭 평전』을 쓴 최열은 이중섭 일행이 배를 탈 수 있었던 것은 해군 정훈실 문관으로 근무하던 화가 최영림의 도움[32]이었다고 한다. 아무튼 이중섭 일행이 12월 초 해군 후송선을 타지 못했다면 걸어서 내려와야 했다. 또는 내려오지 못하고 원산에 남는 경우도 생각할 수 있다.

불바다

황해도 사리원 출신인 한송자는(1941~)는 1950년에 평양에 있는 포항인민소학교 4학년이었고 열 살이었다. 엄마를 따라 언니가 있는 원산에 잠시 다니러 왔는데 6·25 전쟁이 일어났다. 평양으로 돌아가지 못하고 원산에 머무르다 부산으로 피난 왔다.

> 형부는 형부의 작은아버지가 국군장교라 국군을 따라 피난 갈 수 있을 것이라 했다. 엄마는 떠나기 전날 밤 부엌에서 콩 한 말을 볶아 자루에 담았다. 12월 초였을 것이다. 아침 일찍 우리는 원산항으로 갔다. 원산항은 군인들과 피난민들로 발 디딜 틈이 없을 정도로 혼잡했다. 우리는 사람들 사이를 뚫고 거대한 배가 정박한 곳으로 갔다. 함께 피난 가기로 약속된 사람들이 있었던 것인지 형부는 연신 주변을 두리번거렸다. 일행들이 하나둘 모이기 시작했다. 일행 중에는 사리원에 있었던 치과병원 일을 했던 분 가족도 계셨다. 사돈어른 덕에 우리 일행은 빠른 순번으로 배에 올랐다. 배 안은 순식간에 군인들과 피난민들로 가득 찼다. 10시를 조금 넘겼던 것 같다. 아직 원산항에는 배를 타지 못한 사람들이 많았는데 배는 서서히 항구를 벗어나기 시작했다. 원산항이 시야에서 사라질 때쯤 갑자기 원산 앞바다가 불바다로 변하였다. 옆에 있

던 어떤 군인은 조금만 더 늦었어도 빠져나오지 못하고 그 자리에서 죽었을 것이라 했다. 그 말이 사실이었는지 어른들은 국군의 후퇴를 막기 위해 인민군이 원산 바다에 깔아놓은 '기뢰'가 터진 것이라 하기도 하고, 원산항에 남아 있었던 사람들은 모두 죽었을 것이라는 끔찍한 말도 했다. 상황이 어떻게 돌아가고 있는 것인지 알 수 없었고, 알려고 하지도 않았던 어린 나이였다. 그러나 불바다가 (된) 원산 앞바다는 너무 무서웠다.[33]

원산항은 '발 디딜 틈이 없을 정도로 혼잡'했다. 한송자 일행은 '형부의 작은아버지가 국군장교'여서 '빠른 순번으로 배에 올랐'다. '아직 원산항에는 배를 타지 못한 사람들이 많았'다. 배가 항구를 벗어나 '원산항이 시야에서 사라질 때쯤 갑자기 원산 앞바다가 불바다로 변하였다.' 원산 앞바다가 '불바다'로 변한 이유는 무엇일까?

원산지구 함포사격(동경 7일발 AP=합동)
『맥』사령부섭외국발표=미해군 구축함 『항크』『스페리-』『지라-스』의 3척은 6일 재한국 『유엔』 지상부대를 엄호하기 위하여 원산지구에 대하여 맹렬한 포격을 가하였다.[34]

〈동아일보〉 1950년 12월 9일 자 기사이다. 12월 6일 미 해군 구축함 3척이 유엔 지상부대를 엄호하기 위하여 원산에 맹렬한 포격을 가하였다. 6일이면 이남덕과 이중섭 일행이 원산을 출발한 날이다. 한송자가 보았던 '원산 앞바다가 불바다로 변하였다'는 것은 이들 구축함의 포격 때문인 것 같다. 지상부대를 엄호하기 위해 폭격했다는 것은 포탄이 육지로 날아갔음을 의미한다. 같은 배를 탔던 군인은 '조금만 더 늦어서도 빠져나오지 못하고 그 자리에서 죽었을 것이라 했다.' 비슷한 사례를 12월 4일 서해안 진남포에서 찾을 수 있다. 진남포에는 10만 명의 피란민이 몰렸다. "LST는 모두 4척, 1척에 2천 명 정도", 모두 8천여 명 정도가 탈 수 있었다. "밀고 당기고 밟고 밟히는 아수라장이었어요. 가족들끼리 꽉 붙잡은 손길도 어느새 떨어져 나가 생이별을 한 사람도 많았습니다." "이날 하오 2시께 승선이 끝나자 곧 함포사격이 시작됐다. 급하게 후퇴하는데다 피란민을 싣느라 군수물자를 선적하지 못했기 때문에 이것을 때려 부수기 위해서였다. 『배를 못 탄 사람들의 울부짖는 소리가 지금도 들리는 듯합니다. 그들이 뒤돌아서서 육로로 피난길에 나섰겠지만 포탄에 맞아 비명횡사한 사람도 상당수 있었을 것으로 추측됩니다.』"[35]

원산에서 부산으로 내려오는 해군 후송선 LST 안은 어떤 모습이었을까?

LSD 한 척에는 무려 삼천오백여 명의 포로가 승선했다. 배의 공기를 환기 시키느라 환풍기를 쉴 새 없이 돌려대는 바람에 사람들의 열기에도 불구하고 선내는 몹시 춥기만 했다.

배가 출발하고 몇 시간이 지나자 배가 심하게 흔들렸다. 높은 파도가 치는 먼 바다에 나온 모양이었다. 배 멀미를 하여 토하는 사람들이 생겨나 여기저기에서 악취가 풍겨났다. 배에 있는 동안에 식사로 증기로 찐 주먹밥 한 덩어리씩을 주었다. 남들은 멀미를 하여 밥을 잘 먹지 못하는 사람도 있었으나 나는 멀미를 전혀 안 했기 때문에 주는 밥을 언제나 맛있게 먹을 수 있었다. 원산서 출발한 배는 꼬박 이틀이 걸려 11월 16일에 부산항에 도착했다.[36]

12월 6일보다 앞선 11월 중순 인민군 포로 송관호는 원산에서 'LST'를 타고 부산 서면 포로수용소로 이송되었다. 삼천오백여 명 이상이 타는 큰 배였지만 뱃멀미가 심했고 환풍기 때문에 추웠다. '꼬박 이틀'이 걸렸고 '증기로 찐 주먹밥 한 덩어리'를 식사로 받았다.

다행히 배 안에서의 생활은 그리 힘들지 않았다. 배 멀미로 고생을 하긴 했으나 그리 심하지는 않았다. 나는 엄마가 챙겨온 볶은 콩도 있었고 군인들이 챙겨준 통조림도 있어 좋았다. 처음 타보는 배도 신기했지만 사람들 구경도 심심치 않았다.

> 함께 배를 탔던 일행 중에는 내 또래 아이들도 있어 간간이 함께 놀기도 했다. 아이들과 놀다보면 가족들과 여행 떠나는 것 같은 느낌도 간혹 들기도 했다.[37]

당시 열 살이었던 한송자는 또래 아이들과 놀기도 했고 '가족들과 여행을 떠나는 것 같은 느낌이 간혹 들기도 했다.'

> 이 같은 우여곡절 끝에 우리 일행은 해군 후송선에 간신히 올라탔다. 우리가 자리 잡은 곳은 배의 짐 싣는 곳이었던 모양으로 사과궤짝이 엄청나게 쌓여 있었다. 나와 중섭의 아이들을 한 곳에 누이고 우리들은 닥쳐올 부산 생활에 대한 막연한 두려움을 느끼고 있었다.
>
> 배 안에서 중섭과 나는 남쪽에서는 화풍이 어떨까에 대해 주로 얘기를 나누면서 항해를 하고 있었다. 나는 중섭에게 『부산에 가면 동생들도 있을테니 함께 살 수 있다』고 근심어린 중섭을 위로했으나 그는 줄곧 침울한 표정이었다.[38]

한상돈 일행은 '배의 짐 싣는 곳'에 자리 잡고 아이들을 눕혔다. '막연한 두려움을 느끼고 있었'고 남쪽 화풍 이야기도 나눴다. 이중섭은 '줄곧 침울한 표정'이었다. 12월 3일에서 9일에 이르는 일주일이 그들의 운명을 바꿔 놓았다.

2장
50년 12월 9일, 부산 적기 피란민 수용소

2장 50년 12월 9일, 부산 적기 피란민 수용소

12월 9일 부산항

50년 12월 초 원산에서 LST를 타고 부산에 이르는 피난길에는 소설가 이호철도 있었다.

> 12월 9일 아침, 부산 제1부두에 닿아 지루한 기다림 끝에 해질 무렵이 돼서야 커다란 트럭에 가득히 실려 경남도청으로 가 DDT세례를 흠뻑 뒤집어쓰고, 어둑어둑해서 부산진역 앞 수정동 피란민 수용소에 수용되었다. 열아홉 살 때였다.[1]

원산 출신인 소설가 이호철은 12월 9일 아침 부산항 1부두에 도착했다. 하루 종일 기다리다 'DDT를 흠뻑 뒤집어쓰고' 수정동 피란민 수용소에 수용되었다. 이호철은 부산 피란 경험을 바탕으로 『탈향』, 『소시민』 같은 소설을 썼다.

> 원산항을 떠난 지 3일 만에 우리는 부산항에 도착했다. 새벽에 배에서 내리니 살을 에는 추위가 몰려왔다. 배에서 내린 사람들은 추위도 아랑곳하지 않고 여기 저기 흩어져 다음 행

선지를 찾느라 분주했다. 우리 일행은 누구의 지시에 따라 부산극장으로 갔다.[2]

당시 부산, 삼일, 동아극장 등 극장도 임시 피란민 수용소였다. 누군가 극장 무대에 올라와서 거제도와 부산 중 하나를 선택하여 손을 들어보라 했다. 한송자 일행은 부산을 선택하고 집을 구했다. 일행이 간 곳은 아미동이었다. 당시 아미동에 있었던 화장막을 지나고 일본인들의 공동묘지 위에 세워진 피란민 천막수용소를 지나갔다. "산꼭대기쯤 올라가니 커다란 기와집이 한 채 있었다. 회벽 칠을 한 흰 기와집은 보기에 근사했다. 안으로 들어가니 넓은 마당에 방이 여러 채 있었다. 나는 그때서야 마음이 놓였다. 일행들은 나뉘어 각기 방을 따로 썼다. 우리 가족과 형부의 작은아버지, 춘자네와 보배네, 그리고 외과의사 아저씨와 그 친구들 등등, 일행들은 그곳에서 2년 남짓 함께 살았다."[3]

적기 피란민 수용소

그들이 부산 내항에 기항한 것은 12월 9일이었다. 부산의 잡다한 피란민 사회의 냄새가 겨울의 황사 현상을 이루어서 항구 전체를 황량하게 만들었다.

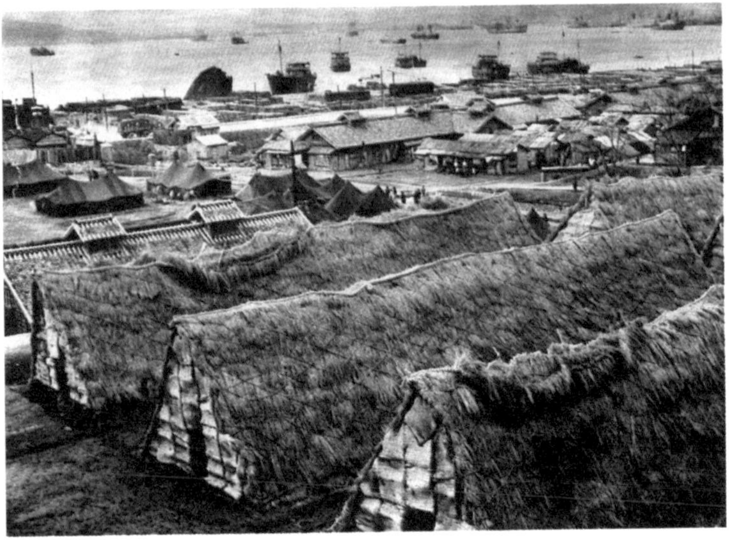

1951년 초 우암동 피란민 수용소 일대 모습. ©부경근대사료연구소

우암동(적기 피난민 수용소 주변)

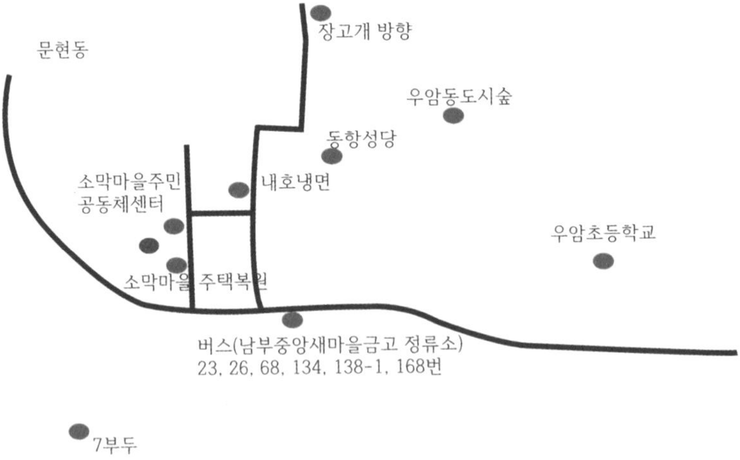

그들의 배는 많은 군함과 구호물자의 화물선, 군수 수송선, 피란민 적재선들로 차 있는 제3부두였다. 부두는 미군과 한국군에 의해서 관장되고 있고 항만 구역은 철조망이 높게 쳐져 있었다.

중섭들이 탄 해군 후생선 동방호는 상륙 수속의 순서를 기다렸기 때문에 바로 피란민들을 부려놓지 않았다. (중략)

그들은 배에서 이틀 동안 대기했다가 항만 사령부의 재가를 얻자 바로 하선했다. 원산을 떠나온 지 며칠 되지도 않았지만 이미 그들은 피란민이라는 원형이 이루어졌다.[4]

시인 고은에 따르면 이중섭 일행은 12월 9일, 3부두에 도착했고 이틀을 기다려 하선했다. '원산을 떠나온 지 며칠 되지도 않았지만 이미 그들은 피란민이라는 원형이 이루어졌다.' 한상돈은 "함께 원산을 탈출, 같은 날에 부산 땅에 내려 적기 피란민 수용소에 들어갔었다."[5]고 전한다. 같은 시기에 부산항에 내린 소설가 이호철은 수정동 피란민 수용소, 한송자 일행은 부산극장에 수용되었다. 이들과는 달리 이중섭 일행은 적기 피란민 수용소에 수용되었다. 피란민들을 여러 곳에 분산 수용했음을 알 수 있다.

적기 피란민 수용소는 일제강점기 우역 검사소였다. 해방 이후 버려져 있던 곳을 6·25 전쟁 나기 두어 달 전에 한우 수출을 위해 지붕과 기둥 등을 수리했다. 여기에 피란민을 수용하였다.

> 이튿날부터 미군 트레일러와 트럭 등에 피란민을 싣고 오는데 그 몰골이라는 것이 거지떼나 다름없었다.[6]

이중섭 일행은 부산항 3부두에 내려 미군 트레일러와 트럭 등을 타고 적기 피란민 수용소로 이동했음을 짐작할 수 있다. 적기는 지금의 우암동이다. 화가 김인호도 이중섭 일행과 같은 배를 타고 왔고 적기 피란민 수용소에 같이 수용되었다.

> 빨리 피난을 안 가면 위험한 상황이었어요. 당시 원산에 살던 시민들은 꽤 많은 사람이 피난길에 올랐어요. 문득 정신을 차려보니 이중섭 씨가 떠올라서 그 길로 이중섭 씨의 집으로 달려갔어요. 짐을 바리바리 짊어지고 떠날 상황이 아니었어요. 서둘러야 했으니까 입은 옷만 가지고 간단한 물건만 챙겨서 피난길에 올랐지요. 부인들이 옆에 있었어도 아이들을 챙겨야 했으니까. 저희는 저희가 쓰던 그림 도구 정도 챙길 수 있었네요.[7]

김인호는 '입은 옷만 가지고 간단한 물건만 챙겨서 피난길에 올랐'다. 이는 이남덕도 마찬가지였다.

돈이라곤 단 한 푼도 없었죠. 저희들은 이북에서 내려올 때에 입은 옷 외에는 아무것도 가진 게 없었습니다. 내려올 때의 유일한 재산이었던 주인의 작품들도 이북에 남으신 시어머님께 맡기고 왔으니까요. 곧 다시 돌아갈 줄 알았었죠. 막내아이의 기저귀 한 장 없었어요.[8]

'주인'은 이중섭을 말한다. 이남덕은 '입은 옷 외에는 아무것도 가진 게 없었'다. '막내아이의 기저귀 한 장' 없었다. 상황이 급박해서 몸만 빠져나왔음을 보여준다. 씻지도 못했을 것이고 갈아입을 옷도 없었다. 현지인들이 보기에 '거지떼나 다름없었다.'

우리 가족은 마굿간 같은 피란민 수용소에 수용되었어요. 어떻게나 추웠던지…[9]

피란민 수용소는 마구간 같았고 추웠다. 김인호도 같은 이야기를 남기고 있다.

피란민 수용소라고 하나요? 마구간이었어요. 아무튼 마구간에 들어갔더니 벽이나 지붕 같은 것이 전부 함석으로 되어 있었어요. 바닥은 시멘트로 되어 있었고요. 너무 추웠어요. 깔

것이 없으니 앉을 수도 없었지요. 그러다 겨우 가마니를 받았어요. 거기에 부인들과 아이들을 앉히고 남자들은 한없이 서 있었어요.[10]

적기 피란민 수용소의 벽이나 지붕은 함석이었고 바닥은 시멘트였다. 김인호는 거의 60년이 지났어도 '너무 추웠다'는 것을 뚜렷이 기억하고 있다. 겨우 가마니를 받아서 바닥에 깔고 부인과 아이들을 앉혔다. 따로 난방 시설이 없었음을 짐작할 수 있다.

첫날 이곳에 왔던 피란민들은 불평이 꽤 많았습니다. 이 추운 겨울에 바람만 겨우 막을 정도의 소 우리에서 어떻게 살겠느냐고 말입니다.[11]

이남덕과 김인호는 마구간으로 보았지만 원래 소막(우사)이었다. 우사를 개조하여 피란민 수용소로 만들었다. 일제강점기 때 우사의 규모는 다소간 차이가 있으나 폭 9m, 길이 42m 안팎이었다. 폭 9m는 3m씩 구분되어 가운데는 통로, 양쪽으로는 소가 들어갔다. 19동 40우사였고 2,400마리의 소를 수용할 수 있었다고 한다.[12] 9×42m는 대략 114평의 넓이다. 피란민 수용소는 가운데 좁은 통로를 만들고 양쪽으로 피란민들이 들어갔다. 처음에는 150여 명을 수용했으나 51년 1월에는 300명 정도로 늘어났다. 114평에 300명이면 1평에 거의 3명이다. '콩나물 시루' 같았다고 한다.

> 그때부터 우리는 천막생활을 했다. 천막 하나에 80명씩 수용되어 매우 비좁았다. 잠은 맨 땅위에 가마니를 덮은 후 그 위에서 담요 한 장을 깔고 덮어 잤다. 겨울이라 날씨가 추웠지만 사람들이 부대끼는 온기로 견딜 만했다.[13]

부산 서면 포로수용소의 모습이다. 맨땅에 가마니를 깔고 그 위에 '담요 한 장을 깔고 덮어 잤다.' '가마니'는 짚으로 만든 큰 주머니 같은 것으로 이전에는 쌀이나 소금 등을 담아서 많이 사용하였다. 포로들에게 담요를 지급했다면 피란민 수용소 피란민에게도 담요를 지급하였을 것이다. 적기 피란민 수용소 피란민들도 시멘트 바닥에 가마니를 깔고 그 위에 담요 한 장을 접어 깔고 또 덮었을 것 같다. 포로수용소 천막은 80명을 수용하는 크기였지만 적기 피란민 수용소는 폭 9m, 길이 42m 안팎이었고 지붕도 높았다. 난방 없이 사람들의 온기로 견딜 수 있는 크기는 아니었다.

부산은 한겨울에도 영하로 떨어지는 날이 많지는 않다. 그러나 "이 해는 계속 영하의 날씨를 보여 굶주린 채 거리를 방황하다 얼어 죽은 사람도 적지 않았"고 51년 "1월 12일의 최저 기온 영하 10도 8분"[14]이었다고 한다.

1월 중순 어느 날로 기억합니다. 헌병 2명이 사무실로 오더니 다짜고짜 연행하여 부평동 헌병대(현 기업은행 부평지점)로 데리고 갑디다. 가서 보니 도청 문교사회국장 김 씨가 언제 붙잡혀 왔는지 초췌한 얼굴빛으로 힘없이 앉아 있었어요. 조사 내용인즉 어제 밤에 적기수용소 등지에서 피란민 4~5명이 얼어 죽었는데 시설을 부실하게 하고 양곡을 제대로 지급하지 않아서 발생된 불상사이니 책임져야 한다는 것이었습니다. 김덕영 씨의 회고담 한토막[15]

51년 1월 중순 적기수용소에서 피란민 4~5명이 얼어 죽었다. 수용소에서 사람이 얼어 죽은 것은 영하 10도로 내려가는 추위도 있겠으나 헌병대는 수용소 측이 '시설을 부실하게 하고 양곡을 제대로 지급하지 않'은 것에 책임을 물었다. 적기 피란민 수용소는 춥고 배고픈 곳이었다. 이남덕은 1월 중순 적기 피란민 수용소를 떠나 제주도로 갔던 이유를 추위와 연결하여 이야기하였다.

"따뜻한 제주도로 가자고 해서 저희들은 서귀포로 갔습니다."[16]

배급

정부는 수용소 피란민들에게 일정한 식량을 배급하였다.

피란민 1인당 하루 식량 3.3홉, 부식비 50원씩 주도록 되어 있었는데 실제로는 식량 2홉 5작과 부식비 30원씩이 지급되고 있는 이유를 따졌다.[17]

1홉은 180ml이므로 3.3홉은 595ml, 2홉 5작은 450ml이다. 이는 500ml 생수병 한 병 정도의 양곡을 하루 식량으로 받는다는 것을 의미한다. 500ml 생수병 한 병의 양곡으로는 하루 세끼, 끼니마다 한 그릇 정도의 밥을 지어 먹을 수 있다. 이중섭도 이런 정도로 식량을 배급받았을 것이다. 1월 중순이 되고 적기 피란민 수용소의 수용 인원이 거의 두 배로 늘어났다고 한다. 늘어난 피란민만큼 식량을 공급받지 못했다면 배급량은 더 줄어들었을 것 같다.

개인 사물로 밥사발, 나무젓가락 그리고 담요 한 장씩을 배급받았다. 식사로 밥을 주는데 쌀알이 가늘고 길며 풀기가 전혀 없어 한 그릇을 다 먹어도 밥을 먹은 것 같지 않았다. 사람들의 말이 베트남 쌀로 지은 알량미 밥이라서 그렇다고 했다.[18]

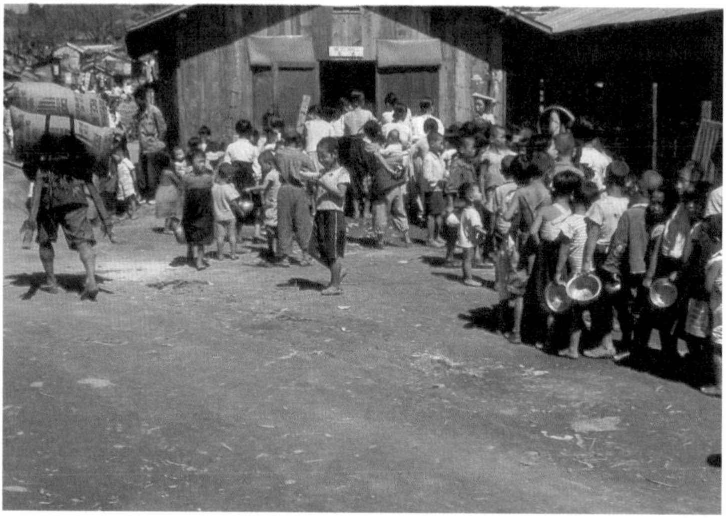

1950년대 초 우암동 피란민촌 식당 모습. 현재 우암초등학교 부근이다.
스웨덴 대사관 제공.

서면 포로수용소 송관호의 이야기이다. '알량미'는 안남미이고 인디카벼이다. 인디카벼는 동남아시아에서 주로 재배되고 있고 밥을 지었을 때 "자포니카벼보다 윤기가 없고 쉽게 부서진다."[19]고 한다. 포로수용소는 '알량미'를 공급받은 것 같다. '알량미 밥'은 '한 그릇을 다 먹어도 밥을 먹은 것 같지 않았다.' 적기수용소의 양곡도 '알량미' 2홉 5작이었다면 이중섭도 '한 그릇을 다 먹어도 밥을 먹은 것 같지' 않았을 것이다. 송관호는 서면 포로수용소에 있으면서 본 부산의 인상도 남기고 있다.

> 나는 부산진 서면수용소에 있으면서 주변 산천과 지질을 살펴보았다. 사방의 산은 그리 높지 않고 땅들도 그다지 비옥해 보이지 않았다. (…) 부산 거리를 보니 건물은 초라하고 북한의 공업 도시처럼 크고 좋은 건물은 별로 없었다. 남한에서 두 번째로 큰 도시에 초가집이 왜 이리 많나 하는 생각도 들었지만 부산은 전쟁의 폐허가 없어 다행이었다. (…) 부산항은 평온해 보였지만 그 속에서 살아가는 피란민들의 생활은 참으로 비참했다. 많은 피란민이 거리에 가득 차고 가마니나 거적을 깔고 처마 밑이나 논두렁 같은 곳에서 잠을 잤다. 때론 산비탈 아무 곳에나 임시로 집을 짓고 살기도 하였다.[20]

포로 송관호가 보기에 부산의 땅은 비옥해 보이지 않았다. 건물은 초라하고 초가집이 많았다. 전쟁 중이지만 평온해 보였다. 피란민들은 가마니나 거적을 깔고 처마 밑이나 논두렁 같은 곳에서 잠을 자거나 산비탈 아무 곳이나 집을 짓고 살기도 하였다. 전쟁포로가 보기에도 '피란민들의 생활은 참으로 비참했다.' 전쟁포로보다 나을 게 없었다.

피란민 증명서

50년 12월 4일 진남포에서 배를 타고 6일 부산에 도착한 피란민들은 부산 거제리 포로수용소에 수용되었다. 거제리 포로수용소는 거제도가 아닌 부산시 '동래구 거제3동·연산동 일대에 있었던 포로수용소'를 말한다. 오늘날 부산시청 근처이다.

> 첫날은 소독만 하고 잠을 재웠으나 이튿날부터 피란민들에 대한 성분조사를 했다. 일단 공무원과 상인 농민 노동자 등 직업별로 분리 수용한 뒤 북한에 살 때 공산당에 동조했는지의 여부를 가려냈다.
> 심사장에는 미군과 통역관 북한 현지의 우익 청년단체 간부급들이 대기하고 있다가 한 사람씩 들어오는 피란민 남자에게 판정을 내렸다.
> 여자들도 별도로 수용한 후 공산당의 열성당원이었던지의 여부를 심사했다. 여기서 공산당원이었거나 동조했던 사실이 드러난 사람은 전쟁포로와 같이 취급했다.[21]

성분조사 후 공산당원이었거나 동조한 것으로 판정받은 사람은 전쟁포로와 같이 취급됐다. 이들은 뒤에 거제도 포로수용소로 이송되었다가 53년 6월 반공포로 석방 때 풀려나기도 했다. "나머지 피란민들은 보름 동안 수용돼 있다가 증명서(피난증)를 발급받아 나왔다."[22]

고은(『이중섭 평전』)에 따르면 적기수용소도 피란민 조사가 있었다.

> 부산 범일동 아카자키 창고에 수용된 지 일주일 뒤에야 피란민 일제 실상 조사가 실시되었다. (…) 중섭의 조서는 복잡했다. 우선 아내가 일본 여자라는 사실, 원산미술동맹위원장을 지낸 일이 있다는 사실, 함께 온 조카 영진이 상륙하지 않고 선상에서 다른 곳으로 갔다는 사실이 상식적으로 석연치 않게 되었다. 원산미술동맹은 그곳 국군이 수복하여 그 자신이 솔선해서 만든 신미술가협회 회장직에 의해서 상쇄된다고 하지만 조카 영진의 문제가 피란민 신상 조사 과정을 거치지 않은 것이 문제였다. (…) 그때 이미 신상 조서가 꾸며져서 자유의 몸이 된 상돈이 중섭에 대해서 변호했다. 한참 뒤에 이중섭도 피난 증명서를 발급받고 부산의 자유를 얻은 것이다. 인호 역시 증명서를 얻었다. 이제 그들은 이 수용소로부터 출입의 자유를 얻었으며 다른 곳에 나가서 생활의 터전을 만들 수 있는 자유를 얻은 것이다.[23]

고은은 적기 피란민 수용소를 '범일동 아카자키 창고'라고 했지만 범일동은 아니다. '아카자키(적기)'는 일본인들이 붙인 이름이었고 원래 이름은 우암포, 현재는 우암동이다. 이중섭도 조사를 받고 피난 증명서를 발급받았다. '수용소로부터 출입의 자유'를 얻었다. '다른 곳에 나가서 생활의 터전을 만들 수 있는 자유를 얻'었다.

일본인 수용소

이중섭이 부산항에 도착한 것은 50년 12월 9일이다. 제주도로 간 것은 51년 1월 중순으로 알려져 있다. 부산에 머문 것은 한 달 남짓이다. 그 중간 피란민 조사 후 '출입의 자유'를 얻었다.

한상돈과 이중섭은 '아내가 일본인이라는 같은 입장에 있었다.' 한상돈은 '아내를 따라 일본인 수용소로 가'자는 제안을 하였다. 거기 있으면서 시내에 방을 얻거나 친척을 찾아보자는 것이 한상돈의 생각이었다. 하지만 이중섭은 생각이 달랐다.

> 중섭이 고집을 피우자 나의 아내 다라이 스미레와 중섭의 아내 남득은 몰래 둘이서만 일본인 수용소에 가서 정황을 알아보고 왔다. 그때 현재의 완월동에 있던 일본인 수용소는 적기 피란민 수용소보다는 사람도 적고 형편이 좀 낫더라는 것이었다.[24]

이남덕도 '일본인들이 있는 그곳으로 가기를 원하는 눈치'

였다. 결국 한상돈은 '일본인 아내와 자식들을 데리고 완월동 일본인 수용소'로 갔다. 하지만 이중섭은 '적기수용소에 있으면서 자신의 부두노동으로 가족을 먹여 살릴 심산'이었다. 실제로 이 시기 이중섭은 '부두노동자로 날품팔이 일을 했'다. 그러다 1월 중순 제주도로 갔다.

부두노동

> 제2부두는 미군과 유엔군의 군수물자들, 군복이며 생활도구 그리고 먹을거리 등을 전선으로 운반하는 기지였다. (…) 그 당시, 제1에서 제4까지의 부두, 그리고 중앙부두까지 모두 다섯 곳의 부두가 부산항에 있었다. 제1부두는 주로 병사들의 수송에 이바지하고 나머지 부두는 전쟁 물자와 군장비며 각종 무기를 수송하는 데 활용되었다. 각종 자동차며 대포들, 그리고 탱크도 실려 왔다.[25]

6·25 전쟁 때 부산항 부두는 "유엔군과 미군을 위한 병참기지이자 후방기지였다."[26] "미21항만사령부가 대부분 부두를 차지하여 광대한 지역을 2중 철조망으로 막고 있었고 수많은 난민들이 이곳에서 막일을 했다."[27] "한창 군수 및 원조 물자가 쏟아져 들어올 때는 무려 5만여 명이나 취업할 수 있어서 아침

일찍 부두에 나가 줄만 서면 어렵지 않게 낄 수가 있"[28]었다. 소설가 이호철도 월남한 초기에는 부두노동자로 일했다. 이호철이 일했던 부산항 3부두 부두창고 옆에는 미군의 전투식량인 레이션 상자가 '산더미'같이 쌓여 있었다.[29] 이호철의 데뷔작 『탈향』은 이때의 경험이 바탕이 되었다.

> 그런데 부두노동은 아무나 할 수 있는 직업이 못되었다. 하루 종일 무거운 짐을 져다 나르고 나면 등골과 허리뼈가 부서지는 듯이 아팠다. 다리에도 알통이 박히고 온몸이 쑤셨다. (…) 『하루 노임이 250원 정도였던 것으로 기억합니다. 이것도 「우」등급의 경우이고 「양」은 220원, 「가」는 200원이었으니까 밥은커녕 죽도 먹기 어려운 봉급 수준이었습니다.』 (…) 6·25 직후 한 되에 600원 하던 쌀값이 1·4 후퇴 무렵에는 900원으로, 이해 5월에는 1천 6백 원까지 치솟았으나 노무자들의 임금은 제자리걸음만 했다.[30]

'아침 일찍 부두에 나가 줄만 서면' 부두노동을 할 수 있었지만 등골과 허리뼈가 부서질 정도로 일은 힘들었다. 노임은 박해서 3~5일 일해야 겨우 쌀 한 되 살 수 있을 정도였다.

화가 박고석은 이중섭이 '미군부대 배에 나가면서 기름치기'를 했다고 한다. 부산에 피난 온 다른 화가들도 어려운 형편은 비슷했다.

나만 이렇게 용감하게 주책도 없이 장사꾼으로 돌변했는가 하면 그렇지도 않았다. 화가 김병기 형은 역전에서 밀크와 토스트를 구워 팔았고 영문학자 한로단 씨는 한 책 가게의 어엿한 주인님으로 행세했다. 그 밖에 많은 문화인들이 얼토당토않는 생업으로 탈바꿈 했다. 화우(畵友) 이중섭 형은 미군부대 배에 나가면서 기름치기를 했고, 이봉상·손응성 양 화백은 미군의 초상화 그리기로써, 홍종명 형은 찐빵 장사, 정규 형은 깡통을 두들겨서 쓰레기통 등 묘한 물건을 만들어 아낙네들에게 팔았다.[31]

한상돈이 본 이중섭

나는 술을 못했지만 다들 술을 잘 마셨다. 그러나 중섭은 농담에 끼지 않고 줄곧 입을 다물고 있었다. 그가 입을 여는 것은 막걸리 사발을 입에 댈 때뿐이었다. 이북에서 피난 온 나와 한묵이 그를 언제나 둘러싸고 함께 어울리려고 했으나 그는 언제나 데리고 온 자식처럼 외톨박이 표정을 짓고 있었다. 시원스럽게 자기의 주장을 내뱉는 일도 없었다. 어쩌다 말을 해도 긍정도 부정도 아닌 어정쩡한 표현을 하고 마는 것이었다.

> 아마도 중섭은 자신을 비롯해 모든 것에 대해 긍정 부정·부정 긍정을 반복하고 있었는지 모른다.
> 대개 상대방의 의견을 존중해 주거나 고스란히 그대로 따라간다. 설사 상대방의 의견이 정당하지 않을 때도 그랬다. 그러니 그에게 말이 많을 리 없었다. 그는 말에 대해서도 욕망이 극도로 쇠퇴해 있었던 것이다.[32]

부산 피난 시절 한상돈이 본 이중섭은 이야기에 끼지 않고 '데리고 온 자식처럼 외톨박이 표정을 짓고 있었다. 시원스럽게 자기의 주장을 내뱉는 일도 없었다.' '말에 대해서도 욕망이 극도로 쇠퇴'했던 이유는 무엇일까? 이중섭은 자신을 드러내고 세상과 잘 어울리는 성격은 아니었다. 시인 김광림의 이야기도 비슷하다.

> 훤출한 키에 얼굴은 갸름하고 창백한 편이었다. 콧수염을 약간 기르고 긴 머리는 올백, 연신 흘러내리는 머리카락을 아무렇게나 손으로 넘기곤 했다. 사물에 집착하는 눈은 늘 빛나 있었다. 작업모 같은 벙거지를 쓰고 이상한 조끼를 걸치고 다녔다. 손에는 큼직한 파이프를 들었다. 이런 물건들은 그가 손수 지어 만든 것들이다.
> 그는 말수가 적었고 단정적인 확실한 이야기를 하지 않았다. 퍽 내성적인 성격의 소유자였다. 그와 생활을 같이 해보지 않

고서는 그의 의사를 파악할 길이 없었다. 말머리만 꺼내 놓고 고개를 끄덕이며 상대방에게 동의를 구하기도 했다. 그의 심중을 표정으로 읽어야 하는데 그야말로 이심전심으로 알아차릴 수밖에 없었다.[33]

김광림이 보기에 이중섭은 '말수가 적었고 단정적인 확실한 이야기를 하지 않았다.' '그의 심중을 표정으로 읽어야 하는데 그야말로 이심전심으로 알아차릴 수밖에 없었다.'

다만 형은 어머니의 성격을 닮고 이중섭은 아버지를 닮은 면이 있어 보인다. 집안 살림을 이끌어 나가는 여장부적인 중섭의 어머니의 기질이 사업가로 성공한 형의 기질과 닮았다. 외조부 역시 평양에서 뛰어난 사업가였고 이 기질은 외가에서 오는 것 같다. 이중섭은 전체적으로 남성성이 강하다거나, 사회생활에 있어서 대처 능력이 뛰어나고 셈에 능한 사업가나, 자기 자신을 주장하면서 다른 사람을 이끌어 나가는 리더 타입이라기보다, 다소 예민하고 사색적이며, 내향적이고, 조용하고 순한 성품이었던 것으로 파악된다. 말 그대로 세심한 감각을 가진 예술가적 소양이 다분했던 것이다.[34]

「이중섭의 심리부검」에서 손성은이 분석한 이중섭의 성격이다. 어머니는 '여장부적인 기질'을 가졌고 형은 사업가로 성공했다. 이와는 달리 이중섭은 '예민하고 사색적이며, 내향적' 이었다. 어머니와 형은 이중섭의 성격 형성에 어떤 영향을 주었을까?

> 방학 같은 때 형이 공부않는다고 야단치면 광 속 같은 방에 숨어 나오지 않았다. 그저 그림만 그렸다.[35]

이중섭과 평양종로보통학교(지금의 초등학교)를 같이 다녔던 화가 김병기의 이야기이다. 이중섭이 평양 외가집에서 초등학교 다닐 때로 보인다. 이중섭은 열 살 어림이고 이중석은 스무 살 어림이다. 이중석의 꾸지람에 이중섭은 숨어서 그림을 그렸다.

형 이중석은 1905년 생으로 이중섭보다 11살이 많다. 1930년 다큐쇼쿠대(척식대) 상과를 졸업하고 경성 동일은행에 입사하였다. 32년 "홀로 사는 어머니를 설득하여 고향 평원의 논밭을 정리했다. 그리고 집안의 연고지이자 개항 도시로 성장해가고 있던 원산으로 거주지를 옮겼다."[36] 32년이면 28살이다. 이중석은 원산에서 "백화점 백두상회를 개업하여 굴지의 갑부, 지주로 성장"[37]했다. 사업 수완이 있고 결단력이 있었던 이중석은 '예민하고 사색적'인 이중섭과는 달랐다.

'여장부적인 기질'을 가진 어머니와 사업가로 성공한 형 사이에서 '예민하고 사색적이며, 내향적'인 이중섭이 자신을 표현하기는 쉽지 않았을 것 같다. 이중섭은 '시원스럽게 자기의 주장을 내뱉는 일도 없었다. 어쩌다 말을 해도 긍정도 부정도 아닌 어정쩡한 표현을 하고 마는 것'은 타고난 기질도 있겠지만 그의 가족관계에서도 영향을 받은 것으로 보인다.

제주도

> 한 1개월가량 여기서 견디다가, 따뜻한 제주도로 가자고 해서 저희들은 서귀포로 갔습니다. 그런데 서귀포는 부산보다도 더 추웠습니다. 바람은 세차게 불고 거기다 눈까지 오고 해서…[38]

이남덕과 이중섭이 제주도로 간 것은 제주도가 '따뜻'할 것 같아서이다. '제주도의 어딘가에' 내린 이중섭 일가는 '여비가 없어서' '3일 동안이나 눈 속을 걸어'갔다. '소 외양간 같은데서 밤을' 지새고 '고구마 같은 걸 얻어 먹었'다. 그렇게 걸어서 서귀포의 가톨릭교회에 도착했다. 하지만 '서귀포는 부산보다도 더' 춥고 눈까지 내렸다. 이중섭 일가는 가톨릭 교회 편으로 제주도에 간 것으로 보인다. 이남덕이 가톨릭 신자였던 점이 작용한 것 같다.

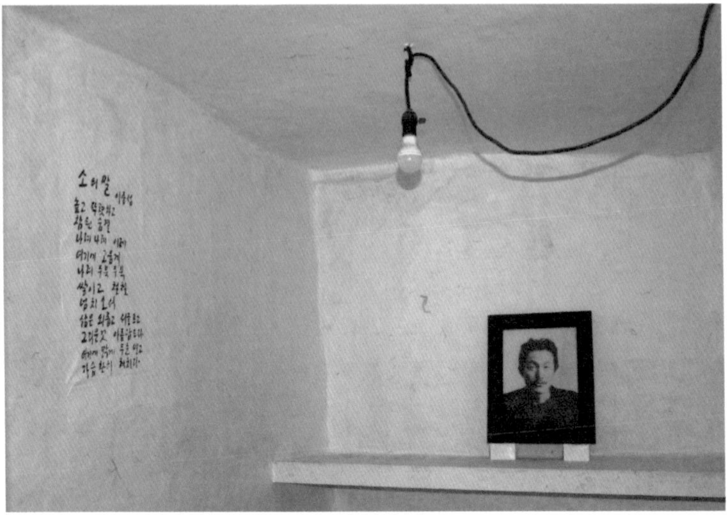

1951년 이중섭 가족이 서귀포에서 머물렀던 곳.
1.4평 크기의 방에서 네 식구가 생활했다고 한다.

51년 1월 9일 이쪽과 저쪽

이중섭과 이남덕은 50년 12월 9일, 부산에 도착해서 '한 1개월가량' 견디었다. 제주도로 간 것은 51년 1월 중순이라고 한다. 당시 사회 분위기는 같은 제주도를 간다 해도 1월 초순과 중순은 상당히 큰 차이를 가졌다.

NCC(한국 기독교연합회) 강원용 목사는 제주도로 가는 수송선에 탈 목사와 가족들을 인솔하는 책임을 맡았다. 51년 1월 초인 것 같다.

1월의 어느 날, 나는 계획대로 목사와 그 가족들을 인솔하여 제주도 피난길에 오르기 위해 보따리를 꾸려 부산항 부둣가로 나갔다. 그러나 부둣가에 도착한 나는 눈앞에 전개되고 있는 예상 밖의 상황에 그만 입이 딱 벌어지고 말았다. 그것은 말 그대로 아비규환의 지옥이었다.
어떻게 알았는지 장로들까지 몰려와 "어떻게 목자들이 양떼를 버리고 자기들만 살겠다고 도망칠 수 있느냐"면서 달려들어 수송선은 서로 먼저 타려는 목사와 장로들, 그 가족들로 마치 꿀단지 주변에 몰려든 개미떼를 보듯 혼잡하기가 이루 말할 수 없었다.
심지어는 자기가 타기 위해 앞에서 올라가는 사람을 끌어내리는 사람들도 있었고 여기저기서 서로 먼저 타기 위해 욕설과 몸싸움이 난무했다. 이처럼 난리판이 되자 헌병들이 와서 곤봉으로 내리치며 질서를 잡으려고 했지만 사태는 좀체 나아지지 않았다. 사람들은 곤봉으로 두들겨 맞으면서도 '이 배를 놓치면 죽을지도 모른다'는 생각 때문에 필사적으로 달려들었다.[39]

부산이 '함락될 위기'에 두려움과 초조함이 장로들을 지배했다. 이들은 목사들이 '자기들만 살겠다고 도망'친다고 생각했다. 제주도로 가는 수송선을 타기 위해 필사적이었다. 강원용 목사는 이를 '아비규환의 지옥'으로 묘사하였다. 하지만 이런 분위기는 1월 9일을 지나면서 바뀌었다.

> 원주 재탈환의 결단적 노력으로 보이는 9일의 반격전에서 유엔군은 3개사의 북한괴뢰군을 격퇴 근 삼 리에 걸친 지역을 다시 수복하였다.[40]

〈동아일보〉 1951년 1월 11일 자에 '국련군 반격 개시'라는 제목으로 전하는 기사이다. 9일 반격전으로 '근 삼 리에 걸친 지역을 다시 수복하였다.' 12일 〈동아일보〉는 "전략의 요충 원주를 탈환", 13일은 "원주지구 의연 격전 7시간 교전 후 적 1/3 오살"이라고 전한다. '오살'은 '모조리 무찔러 죽임'의 뜻이다. 〈동아일보〉 1월 11~13일 자 기사는 50년 11월 말 이후 계속 후퇴했던 유엔군이 이즈음 반격을 시작했음을 알리고 있다. 이때 시작된 반격전은 3월 14일 서울을 되찾는 것으로 이어진다.

반격이 시작된 것은 1월 9일 무렵이지만 신문을 통해 일반인에게 알려진 것은 1월 11~13일이었다. 이런 소식을 전해 들은 사람들은 어떻게 반응하였을까? 김동리의 소설 「밀다원 시대」에서 당시의 분위기를 읽을 수 있다. 길 여사와 조현식, 이중구는 우동집에 모여 '중공군이 원주, 오산까지 침공'해 온 정세를 이야기하고 대책을 걱정하였다.

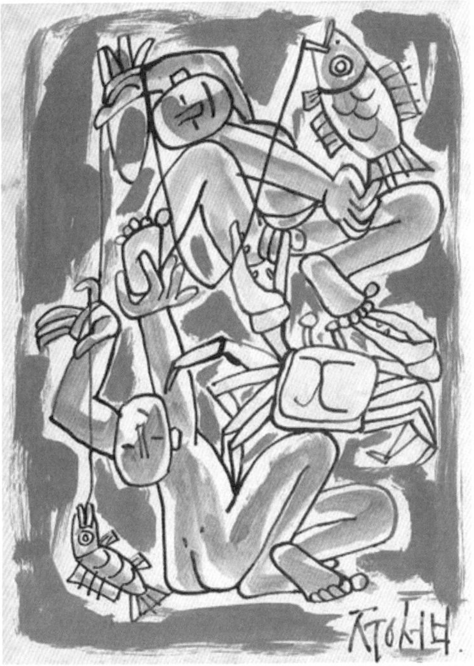

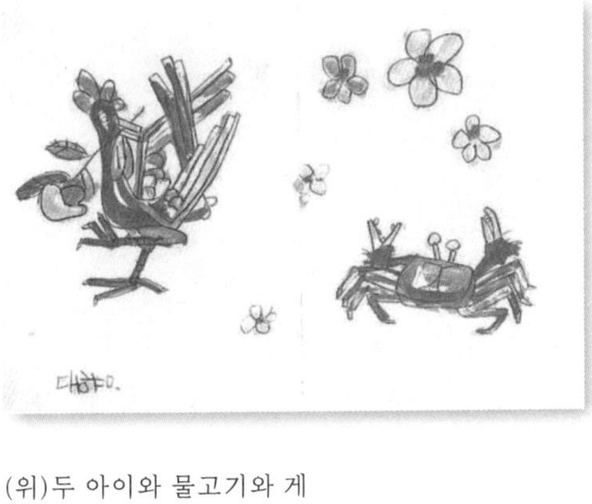

(위)두 아이와 물고기와 게

(아래)닭과 게

길 여사는 목소리를 낮추며, 그래 거기 대한 무슨 대책이 있느냐고 했다. 지금 돈 있는 사람들은 다 만일의 경우에 대처할 준비가 되어 있다. 그런데 우리들은 아무 대책도 없이 다 방에만 모여서 우글거리고 있다. 만약의 경우를 생각해 보라. 그것은 비참하다. 그런데 마침 교회 관계로 제주도 가는 배가 한 척 있는데, 4, 5일 이내로 떠날 예정이다. 자기가 부탁하면 10여 명은 더 탈 수 있게 되겠다. 조현식과 중구가 찬성한다면 그렇게 추진시켜 보겠다—하는 이런 내용이었다. (…)

그렇게 닷새를 지내니 조현식이 길 여사에게 약속한 13일이 되었다. 그리고 그때는 이미 그들의 심경도 결정되어 있었다. 11일경부터 유엔군의 반격이 개시되어 있었기 때문이었다. 따라서 〈대책〉 문제는 절로 기각이 된 셈이었다.[41]

밀다원 시대

1월 8일경 '돈 있는 사람들은 다 만일의 경우에 대처'해 제주도로 간다면서 길 여사는 '조현식과 중구가 찬성한다면 그렇게 추진시켜 보겠다'고 하였다. 닷새가 지나고 약속한 13일에는 '〈대책〉 문제는 절로 기각'이 되었다. 그 사이에 유엔군 반격이 보도되었기 때문이다.

그전에는 '곤봉으로 두들겨 맞으면서도' '이 배를 놓치면 죽을지도 모른다는 생각 때문에 필사적으로 달려들었'다. 하지만 1월 9일 유엔군 반격 사실이 알려지면서 소설 「밀다원 시대」의 길 여사, 조현식, 이중구처럼 부산을 탈출하여 제주도로 피난가려는 움직임은 주춤해졌다. 더 나아가서 정부는 피란민을 제주도로 보내려고 하였다.

> 제주도의 피란민 수용 능력 등을 조사하려 지난 7일 미8군 푸렌치 대령과 함께 공(空)로 제주도로 향발하였던 허정 사회부장관 홍 내무차관 등이 제주 일대를 답사 12일 오후 5시 반 귀임[42]

> 51년 1월 23일 오전 10시 사회부장관실에 관계 각대표자들 합의
> 피란민 소개를 강화
> 일반 피란민 전부와 군경 대기공무원 가족을 제주, 거제도에 이송
> 남해의 3개지로 분산 소개[43]

허정 사회부장관과 홍 내무차관은 7일 출발하여 제주 일대를 답사하고 12일 돌아왔다. 1월 23일에는 제주, 거제도, 남해로 피란민을 이송하기 위하여 '관계 각 대표자'를 모아 합의

하였다. 정부는 임시수도 부산에 가득 찬 피란민들을 제주, 거제도, 남해로 보내려고 하였다.

『서울서 피난을 내려왔으나 오갈 데가 없어 거리를 헤매다 영도 어느 벽돌공장 마당에서 노숙하고 있을 때였어요. 경찰과 헌병이 찾아와서는 "경찰과 군인 가족을 제외하고 일반 피란민은 제주도로 보내기로 했으니 준비를 하라"는 거예요. 거기에 가면 쌀도 주고 옷도 주며 인구가 적어서 아주 살기 좋다고 설득시켰어요.』 김창오 씨의 증언.

피란민들은『군경가족은 제외한다는 그 말이 아무래도 수상하다.』고 수군거렸다. 부산에서도 안 주는 배급식량을 제주도에 간들 어찌 줄 것이며 옷까지 준다니 이건 우리를 속이려는 술책이라고들 했다.

누구도 제주도에 갈 기미를 보이지 않고 다른 곳으로 피해갈 심산이었다. 김 씨 가족도 불안을 느껴 3일 뒤 이곳을 떠나 영주동 뒷산(현 부산터널 위쪽)으로 가 가마니와 보르박스로 움막집을 지었다. (…)

한편 김씨가 영도를 떠나던 날 밤 트럭 몇 대가 들이닥쳐 벽돌공장에 있던 500여 명의 피란민을 몽땅 실어가 버렸다. 제주도로 갔는지 거제도로 갔는지 행선지는 알 수 없었다.[44]

'영도 어느 벽돌공장'은 대한도기로 보인다. 경찰과 헌병이 찾아와 공장 마당에 노숙하고 있는 피란민들을 제주도로 옮기려 하였다. 김창호 씨는 제주도에 가는 것을 피해 영주동 뒷산으로 가 움막집을 지었다. 남은 사람들은 '트럭 몇 대가 들이닥쳐' 어디론가 실려갔다.

유엔군이 계속 후퇴하던 1월 4일 무렵, 다시 서울을 내주었을 때 '부산이 함락'될지도 모른다고 생각한 사람들은 제주도로 가려고 필사적이었다. 1월 9일 유엔군의 반격이 시작되고 이 사실이 신문에 보도된 1월 11~13일 무렵이 지나면 이런 움직임은 사라졌다. 더 나아가 정부는 부산에 가득한 피란민을 내보내려 하였고 제주도는 그 대상 중 한 곳이었다. 안 가려고 하면 강제로 보내기도 하였다. 이중섭 가족이 제주도로 간 1월 중순은 그런 때였다. 서귀포 이중섭 미술관 이중섭 작가 연보에 따르면 "부산에 도착한 이중섭 가족은 정부에서 실시하는 피란민 소개 정책에 따라 종교 단체에 신청을 하였고 1월 15일 제주도로 가는 1차 출항 기선에 승선하였다."고 한다. 전쟁 중이라 제주까지 얼마나 걸렸는지는 알 수 없으나 16~17일 사이에 도착하였을 것이다. 제주도에 도착한 "이중섭 일가는 3일 동안 고구마를 얻어먹고 소 외양간에서 밤을 보내면서 눈길 속을 걸어서 서귀포의 가톨릭 교회에 도착했다."[45]

우암동

우암포

우암동의 조선시대 이름은 우암리이다. 지금의 부산항 동쪽 바닷가이고 우암포가 있었다. "포구의 언덕에 큰 바위가 있었는데, 소 모양과 같다 하여 '소 우(牛)'에 '바위 암(岩)'을 써서 우암이라 불렀다 한다."[46] 소 모양 바위는 일제 때 바다를 메우고 부두를 만들면서 사라졌다.

바다를 메우고 길이 나기 전의 우암동 지형을 재구성해 보면 우암동 북쪽, 동천 방향은 바닷가 절벽이었던 것 같다. 고지도에서 길을 찾지 못했다. 남쪽은 감만동으로 연결된다. 뒤는 산으로 둘러싸여 있고 앞은 바다이다. 고립된 곳이다. 우암리 사람들은 산을 넘거나 배를 타고 바깥나들이를 했을 것 같다. 그래서인지 조선시대 우암포에 표민수수소가 있었다. 부산 근해로 표류해 온 일본인들을 자국으로 돌려보내기 전에 잠시 수용했던 곳이다. 조선 주민들과 접촉을 차단하기에 편리하다는 점이 고려된 것으로 보인다.

대한제국 말기에 편찬된『한국수산지』2집(1910)에는 "1910년 우암포에 20호가 있었으며, 어장 3개소를 운영하며 전답을 일구며 생활하고 있었다."[47]고 한다. 호당 4~5명으로 보고 20호면 80~100명이다. 100년 전 우암포의 인구는 대략 100명 정도였던 것 같다. 지금의 우암초등학교 근처에 마을이 있었다.

적기

일제시대 일본인들은 우암동과 감만동 지역을 '적기'라고 불렀다. 『부산지명총람』을 보면 "감만포의 남쪽 끝 홍곡산의 산등성이가 부산만에 몰입하는 작은 곶(崎)으로 암반이 오랜 풍화작용으로 붉은색을 띠고 있었는데 일제시대 일본인들이 일본어 식으로 아까사끼(赤崎)라 부르게 되었다."[48]고 한다.

적(赤)은 '붉다'는 뜻이다. 기(崎)는 '험한 산길'이라는 뜻도 있지만 여기서는 '바다로 좁고 길게 내민 육지'의 뜻이다. 갑, 곶, 반도와 뜻이 같다. 거칠게 옮겨보면 '붉은 반도(곶)'로 지금의 우암반도이다. 우암동, 감만동, 용당동, 용호동을 포함한다.

18세기 중엽 일본인이 그린 「부산포초량화관대회도(釜山浦草梁和館大繪圖)」[49]에는 여기를 붉은색으로 칠해 놓았다. 이를 보면 '붉은색'은 조선시대 왜관을 드나들던 일본인들의 눈에 비친 모습이다. 배를 타고 초량왜관으로 들어오던 일본인들은 오륙도를 지나면서 보이는 홍곡산 주변에서 '붉은색'을 보았다. 혹은 용두산공원 초량왜관에서도 멀리 붉은색을 보았을 것이다. 조선시대에 이미 일본인들은 지금의 우암동·감만동 지역을 자기들 식으로 '적기'라고 불렀던 것 같다. 일제시대에 들어와서는 아예 대놓고 지명으로 사용하였다.

우역 검사소

대한제국 말기인 1909년, 우암리에 우역 검역소를 만들었다. 일본으로 수출하는 소가 병이 있는지를 검사하는 곳이었다. 대한제국 법률로 만들어졌지만 사실상 국권을 상실한 때였으므로 일본인들이 설립을 주도했을 것이다. 1910년 국권을 상실하면서 '수출우'는 내부 이동을 뜻하는 '이출우'가 되었다.

일제강점기에는 일본에서 더 많은 수의 소를 요구함에 따라 상당히 큰 규모로 확장되었다. 1926년에는 "부지 규모가 약 23,725평에 건평 약 4,600평에 약 2,460마리를 수용"[50]할 수 있었다. 우사 19동(40우사)에 사료조리소 등 많은 부대시설을 가지고 있었다. 김준, 박효민, 유재우의 논문에서는 실측과 당시 목부의 증언을 통해 우사의 크기를 폭 약 9m, 길이 약 42m(114평)로 추정하였다. 『우암동 사람들의 공간과 삶』(55쪽)은 소막(우사) 하나의 크기를 폭 9m, 길이 27m(74평), 소막 2곳이 가로로 붙어 있는 건물은 9m, 54m(147평)[51]로 추정하였다.

1938년 「부산항 검역소 전경」 사진[52]을 보면 검역소는 골짜기 전체를 차지하고 있다. 오늘날 바닷가에서 우암동을 바라봤을 때 중간쯤에 우암동 도시숲이 있다. 오른쪽 우암초등학교 주변(우암1동)은 옛날 우암리 사람들이 살던 곳이다. 왼쪽 우암골목시장 주변(우암2동)에 검역소가 있었다. 「부산항 검역소 전경」 사진과 부지 규모가 약 23,725평인 것을 고려하면 우암2동 거의 대부분이 검역소였던 것 같다.

적기 피란민 수용소

45년 해방이 되고 적기의 "우역 검역소는 폐지되었고, 일본에서 돌아온 귀환 동포들의 숙소로 사용하면서 작은 마을이 형성되기 시작하였다."[53]고 한다.

6·25 전쟁이 나고 중공군이 참전하면서 후퇴할 무렵인 50년 12월에 들어와 "우역검사소의 소 움막"을 피란민 수용소로 이용하였다.[54] '51년 1월로 접어들어서 더 많은 피란민들이 몰려들게 되자 한 건물에 150명을 더 늘려 300명을 수용시켰다. 흡사 콩나물시루 같았'다. '한 건물'을 우사(9×42m, 대략 114평)로 해석하면 1우사에 300명이고 40우사였으므로 12,000명이다. 적기 피란민 수용소에 만 명 전후의 피란민을 수용한 것으로 볼 수 있다.

> 소막에 자리를 잡은 피란민들은 소막 내부에 통로를 만들고 가마니, 이불 등으로 공간을 구분하여 함께 살아야만 했다. 이후 수용소는 칸칸이 나눠져 여러 채의 집으로 변했다. 수용소 내부 통로를 기준으로 가운데 벽이 만들어지고 양쪽으로 여러 채의 집이 생긴 것이다. 일부 주민들은 옆집을 사들이거나 길 쪽으로 확장하여 부엌, 방을 만들기도 했기 때문에 집 크기는 제각각이었다.[55]

수용소 초기에는 구분이 없었을 것 같다. 그러다 점차 '칸칸이 나눠'지고 '가운데 벽이 만들어'져 '여러 채의 집이 생'겼다. '길 쪽으로 확장하여 부엌, 방을 만들기도 했'다. 여러 채의 집이 하나의 지붕을 공유하는 형태의 주거가 되었다.

> 한편 수용소에 들어가지 못한 피란민들은 스스로 주거 공간을 마련해야만 했다. 이들은 수용소 주변뿐만 아니라 산비탈, 공동묘지까지 빈 땅만 있으면 집을 지었다.[56]

수용소 주변 산언덕에도 피란민들이 몰려와 판잣집 등을 짓고 생활하였다. 6·25 전쟁을 거치면서 우암2동은 피란민 수용소와 주변 피란민 '판자촌'으로 이전과는 다른 모습으로 바뀌었다.

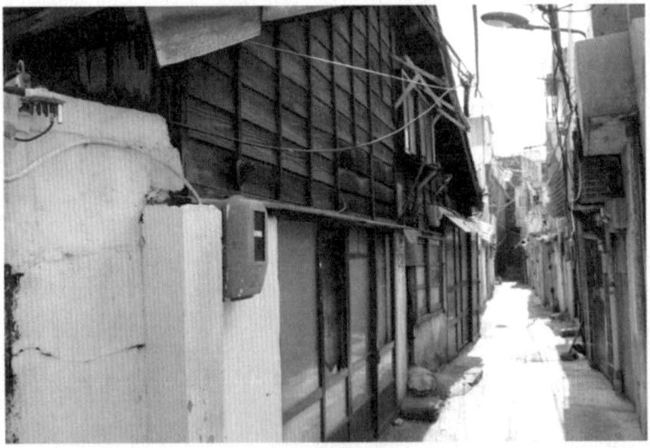

적기 피란민 수용소 자리에 위치한 소막마을 복원 주택의 2017년 모습.

3장
51년 12월 범내골, "범일동 '하꼬방(판잣집)'"

3장 51년 12월 범내골, "범일동 '하꼬방(판잣집)'"

- 다시 부산으로 나오신 건…?

- 51년 말인 12월이었습니다. 피난생활이라 주인과 저희들은 늘 함께 살 수가 없었습니다. 그럴만한 방 한 칸 구할 수가 없었으니까요. 그러다가 주인의 오산학교 동창인 김종영 씨의 주선으로 범일동의 '하꼬방(판잣집)' 한 칸을 얻게 되었죠. 그 분도 근처에 살고 있었습니다. 그 무렵 일본의 친어머니와 연락이 닿기 시작했습니다.[1]

제주도로 갔던 이중섭과 이남덕은 51년 12월, 부산으로 돌아왔다. 하지만 '방 한 칸'을 구하지 못해 '늘 함께 살 수가 없었'다. 겨울이고 아이도 있는데 방을 미리 구해 놓고 온 것은 아닌 것 같다. 함께 살지 못했다면 따로 어디서 살았을까?

최열에 따르면 "아내와 두 아들은 일본인 수용소"에 들어갔다. 이때 "일본인 수용소는 감만동 적기 지구 피란민 수용소 내에 조선인과 구분한 영역"[2]이라고 한다. 적기 피란민 수용소 내에 일본인 수용소가 따로 있었던 것 같지만 확실하지는 않다. 오누키 도모코는 "우선 마사코와 태현, 태성 세 명은 교회 관련 단체가 알선해 준 곳으로 갔다. 소개받은 시설은 판잣집이 밀접한 부산항 바로 서쪽에 있었다."(오누키 도모코, 177쪽)고 한다. 부산항 바로 서쪽이라면 적기는 아니다. 두 주장이 엇갈린다. 이중섭은 '화가 친구들' 집을 전전했던 것으로 보인다. 그러다 '오산학교 입학 동기'인 '김종영 씨의 주선으로 범일동의 하꼬방(판잣집) 한 칸을 얻게 되었'다. 이중섭 일가족은 여기서 겨울과 봄, 여름으로 이어진 시기를 살았던 것으로 보인다. '범일동의 하꼬방(판잣집)'은 어디에 있었을까?

52년 1월

화가 송혜수(1913~2005)는 '1939년 도쿄 제국미술학교 서양화과'에 입학하였고 같은 시기 도쿄 문화학원을 다녔던 이중섭을 만났다. 1943년 이중섭이 제안하여 같이 「제7회 창작과 미술협회전」에 출품하였다. 해방 이후 서울에서 활동하기도 했던 송혜수는 6·25 전쟁 때 부산으로 월남하였고[3] 광복동에서 이중섭을 다시 만났다.

> 내가 중섭을 부산서 만난 것은 1951년 1월 말께였다. 먹을 것이 넉넉하지 못한 때라서 그런지 춥기도 무척 추웠다. (…) 매섭게 바닷바람이 휘몰아치던 1월 말께의 어느 날 저녁 무렵이었다. 중섭을 지금의 미화당 백화점 앞길에서 만났다. 나는

처음 어리둥절해 그의 눈만 쳐다보았다. 언뜻 말이 나오지 않았다. 그도 그럴 것이 그의 모습은 일본서 같이 공부하던 옛날의 중섭과는 너무나 달라 있었기 때문이다. 우리는 한동안 그렇게 쳐다만 보다가 정말 감격에 넘쳐 서로 이름을 부르며 얼싸안았다. 사경을 넘어 삶과 죽음의 다리를 건너보지 않은 사람은 살아서 다시 만나는 것이 얼마나 감격스러운가를 모를 것이다.[4]

송혜수는 이중섭을 부산에서 만난 것은 51년 1월 말께, 제주도에 간 것은 51년 4월, 이남덕이 일본으로 간 것은 52년 12월로 기억했다. 하지만 제주도에 간 것은 51년 1월 중순이고 일본으로 돌아간 때는 52년 6월이다.

이중섭과 이남덕은 51년 1월 중순에 "제주도의 어딘가에 내려진 우리들은 여비가 없어서 맨 나중에 3일 동안이나 눈 속을 걸어서 서귀포의 가톨릭 교회에 도착"하였다. 중간에 "소 외양간 같은 곳에서 밤을" 지새고 "고구마 같은 것을 얻어"[5] 먹었다. 이런 상황이었으므로 이중섭이 '1951년 1월 말께' 광복동 '미화당 백화점 앞길'에 나타났다는 것은 납득하기 어렵다. 이중섭이 "제주에 거주하며 부산을 왕래"[6]했다는 것을 고려해도 그렇다. 송혜수가 이중섭을 미화당 백화점 앞길에서 다시 만난 것은 52년 1월로 보인다.

이 무렵 송혜수는 "중섭은 교통부 앞 산마루에, 나는 지금의 교통부 앞 로터리 부근에 살면서 박고석·한묵·장욱진·김영주·양명문·임완규·정규 등과 어울려 중섭과 완규와 우리집에서 모이고 또 헤어졌다."[7]고 한다.

'교통부 앞 로터리'는 지금의 범곡교차로이다. 교통부 앞 산마루'는 범내골이다. 52년 초에 이중섭은 범내골에 살았고 그 입구에 살던 송혜수와 자주 어울렸다. 걸어서 대략 10분 거리이다.

52년 3월, 김영환

화가 김영환은 원산 시절 이중섭의 제자이다. 김영환은 51년 1월 원산 아래 안변에서 걸어서 피난 내려왔고 52년 무렵에는 부산 적기의 미군부대에서 사인페인터로 근무하였다. 52년 3월경 김영환은 이중섭이 범일동에 산다는 이야기를 듣고 '범일동 판잣집'을 찾아갔다.

> 신홍철 씨가 그려 준 지도를 따라 김영환 화백은 범일동 산골짜기 판자집들이 옹기종기 모여 있는 난민촌을 찾았다. 광산 지대에 늘어선 광부들의 사택같이 다닥다닥 산비탈에 붙어 있는 판잣집 (…) 벌써 진달래가 푸릇푸릇 움트고 있었고 어디선가 뻐꾸기의 울음소리가 구슬피 들려 왔다. (…) 극도

의 영양실조로 얼굴이 핼쑥해진 이남덕 여사는 할미꽃이 사방을 둘러싼 난민촌의 보금자리 판자집으로 서둘러 올라갔다. 할미꽃 사이사이엔 제비꽃과 들장미가 뒤섞이어 옹기종기 애처로왔지만 그 모두가 심어서 자란 것이 아니라 저절로 피어난 들꽃들이었다.[8]

화가 김영환이 찾아간 '범일동 산골짜기 판자집'은 송혜수가 이야기한 '교통부 앞 산마루'와 같은 곳으로 보인다. 김영환은 이중섭의 판잣집을 '광산 지대에 늘어선 광부들의 사택같이' 보았다. '다닥다닥 산비탈에 붙어 있'었다. 진달래가 움트고 뻐꾸기 울음소리가 들려왔다. 남쪽 지방에서는 3월 야산에 들어가면 흔히 마주치는 풍경이다. 당시는 산속 풍경이 남아 있어서 집이 빼곡히 들어차 있는 지금과는 좀 차이가 있었다.

'이남덕 여사'는 '극도의 영양실조로 얼굴이 핼쑥'했다. 김영환과 이중섭은 원산에서 헤어지고 피난지 부산에서 다시 만난 감격으로 "부둥켜 안고 마구 뒹굴었다."[9]

2000년, 최석태

부산에 도착하자마자 이중섭은 자신과 마찬가지로 피난 와서 범일동에 정착한 오산학교 1년 후배를 만나 방 한 칸을 얻었다. 지금의 보림극장 뒤, 산비탈로 올라가는 길에서 오른쪽 산길로 가다보면 닿은 동네였다. 이곳은 당시 부산시의 변두리에 속했다. 8·15 해방 직후, 일본에서 살다가 귀국한 동포들을 수용하기 위해 세운 단층집들이 네 줄로 길게 나열되어 있었다. 이중섭 가족은 그중 방 하나를 얻어 살게 되었다.[10]

2000년에 나온 『이중섭 평전』의 저자 최석태는 범내골 이중섭의 '방 한 칸'을 자세히 설명하였다. '보림극장 뒤, 산비탈로 올라가는 길에서 오른쪽 산길로 가다보면 닿은 동네'라고 한다. 이 동네는 '8·15 해방 직후, 일본에서 살다가 귀국한 동포들을 수용하기 위해 세운 단층집들이 네 줄로 길게 나열되어 있었다.'라고 구체적으로 묘사하고 있다. 귀환동포를 위해 지은 집이라고 한다.

2013년, 범일동 1497번지

이들은 택시를 타고 '부산 동구 범일동 1497번지'로 무작정 향했다. 목적지는 바로 천재 화가 이중섭의 가족이 살던 집이었다. 이곳은 대표작 〈범일동 풍경〉이 탄생한 배경이 됐다. 노부부는 "마사코가 범일동 1497번지에 살 때 가장 행복했었다고 말했다"며 "정영출 씨 집에 세 들어 살았고 옆에는 변전소

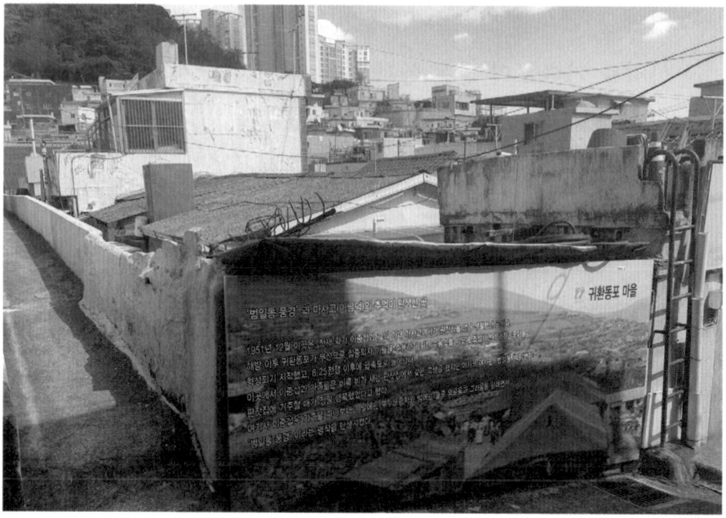

범일동 1497번지의 현재 모습.

가 있었다고 한다"고 설명했다.[11]

'이들'은 '남편은 오오무라 마쓰오 와세다대학 명예교수, 부인은 오오무라 아키코'이다. '오오무라 교수는 1985년 중국 옌볜의 윤동주 시인 묘소를 찾아낸 윤동주 연구자'이고 부인 '아키코 여사는 이중섭의 부인 야마모토 마사코 씨의 대학(일본 문화학원) 후배다. 현재 도쿄 세타가야에 살고 있는 마사코 여사의 회고록을 집필 중'이라고 하였다.

오오무라 부부에 따르면 이중섭 가족이 살았던 곳은 '범일

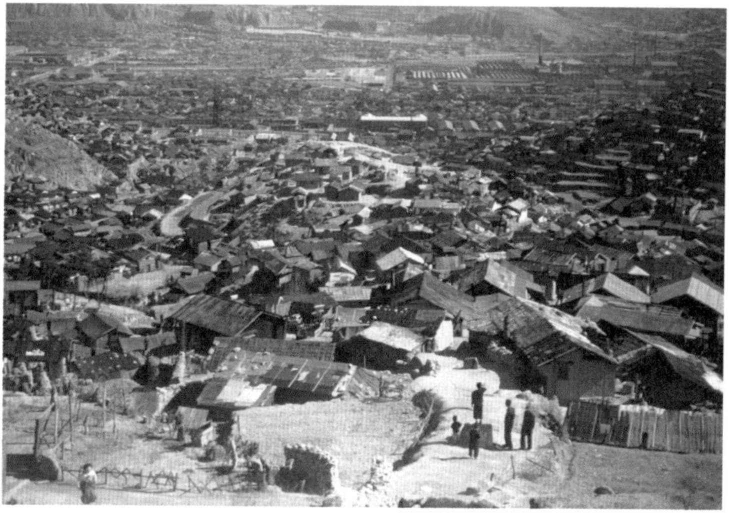

1950년대 초 부산 동구 성북고개 인근에서 바라본 조방앞 일대.
©부경근대사료연구소

동 1497번지'이다. 이중섭 가족은 '정영출 씨 집에 세 들어 살았고 옆에는 변전소가 있었다.' 이들은 주소만 들고 부산을 찾았다. '범일동 1497번지'를 찾지 못하자 택시 기사가 부산 동구청에 알렸다. 오오무라 부부의 '변전소'는 "오산학교 동창 김종영의 도움으로 범일동 골짜기 '변전소' 뒤의 판잣집 모양의 연립 빈촌에 단칸방을 얻어서 생활하다."[12]고 한 조카 이영진의 「이중섭 연보」 '변전소'와 같은 곳인 것 같다.

'아키코 여사'가 '마사코 여사'의 회고록을 집필 중이라면 '범일동 1497번지'와 '변전소 옆'은 이남덕에게서 직접 들었을 것으로 보이나 자세한 내용은 회고록이 나와야 알 수 있다. '정영출 씨 집에 세 들어 살았'다는 것은 '오산학교 동창인 김종영의 집에 단간방을 얻어 세 들'어 살았다는 송혜수의 이야기와는 차이가 난다. 이남덕과 이영진의 말을 종합하면 '김종영 씨의 주선'으로 '정영출 씨 집에 세 들어' 산 것으로 보인다.

'범일동 1497번지'는 범내골에 있다. 범곡교차로(옛 교통부 사거리) 범일골목시장에서 10분쯤 걸어 올라가야 한다. 집이 빼곡하게 들어차 있는, 산골짜기 비탈진 곳이고 근처에 범내가 흘러간다. 2000년에 나온 『이중섭 평전』의 저자 최석태가 이야기한 '보림극장 뒤, 산비탈로 올라가는 길에서 오른쪽 산길로 가다보면 닿은 동네'와 겹쳐진다. 최석태와 오오무라 부부는 범내골 이중섭의 거주지로 동일한 장소를 이야기하고 있는 것으로 보인다.

오오무라 부부가 '범일동 1497번지'를 찾은 것은 2013년이다. 지금 가보면 길 옆 담벼락에 크게 사진과 설명이 붙어 있어 어렵지 않게 찾을 수 있다. 다음은 담벼락에 붙어 있는 설명문이다.

> 1951년 12월 이곳은 천재 화가 이중섭과 그의 아내 마사코 여사가 판잣집을 얻어 생활했던 곳이다.
> 해방 이후 귀환동포가 부산으로 집중되자 이들을 수용하기 위한 수용소를 이곳에 조성하면서 귀환동포마을이 형성되기

시작했고, 6·25 전쟁 이후에 급속도로 늘어났다.

이곳에서 이중섭과 가족들은 비록 비가 새는 판잣집에서 갖은 고생을 했지만 마사코 여사는 '범일동 1497번지' 판잣집에 거주할 때가 정말 행복했었다고 했다.

여기서 이중섭은 가족을 떠나보내고 낮에는 부두노동자와 밤에는 술로 외로움과 그리움을 달래면서 〈범일동 풍경〉이라는 명작을 탄생시켰다.

〈범일동 풍경〉과 마사코(이남덕)의 추억이 탄생한 곳

귀환동포는 일제강점기에 해외로 이주하거나 징용 등으로 끌려갔다가 45년 8월 해방 이후에 돌아온 동포들을 말한다. 고향으로 돌아간 사람도 있고 부산에 남은 사람들도 있었다.

범일동 1497번지가 있는 구역은 골목이 등고선 방향으로, 직선으로 뻗어 있고 줄을 선 듯 집이 들어서 있다. 계획을 가지고 만든 '귀환동포마을'이었음을 짐작하게 한다. 『이중섭 평전』의 저자 최석태가 이야기한 것과 같다. 그 바깥쪽은 골목이 구불구불 돌아가고 집도 불규칙하게 들어서 있다. 6·25 전쟁 무렵 피란민들이 들어와 산비탈에 형편에 따라 집을 지으면서 그렇게 된 것으로 보인다.

〈범일동 풍경〉

〈범일동 풍경〉은 이중섭이 범일동 판잣집(1497번지)에 살 때 그렸다고 한다. 이 그림은 흑백사진처럼 주로 검은색 선으로 구성되어 있어서 어두운 느낌을 준다. 배경으로 멀리 희미하게 산이 보인다. 아마 수정산이나 만리산일 것이다. 가까이 언덕이 있고 듬성듬성 키 큰 나무 사이로 판잣집들이 담도 없이 서로 잇대어 있다. 판잣집이 산비탈과 숲 사이를 비집고 들어간 듯하다. '단층집들이 네 줄로 길게 나열되어 있었'(최석태)던 귀환동포 마을은 아니고 그 주변 산비탈을 타고 올라가면서 지어진 판잣집처럼 보인다. 피란민들이 지은 집으로 짐작할 수 있다. 이중섭이 범내골에 살았던 1952년 즈음의 모습이다.

이중섭 전망대(마사코 전망대)와 이중섭 거리

이중섭 가족이 살았던 범일동 1497번지(귀환동포마을)에서 남쪽으로 걸어서 5분 거리인 산언덕에 이중섭 전망대(범일동 1462-9)가 있다. 마사코 전망대라고도 한다. 범내골을 한눈으로 둘러보면서 이중섭을 이야기할 수 있는 곳이다. 이중섭이 거주했던 곳은 아니다. 전망대 카페 벽에는 "이중섭이 〈범일동 풍경〉을 그린 것으로 추정되는 곳이다."라는 설명이 나와 있다.

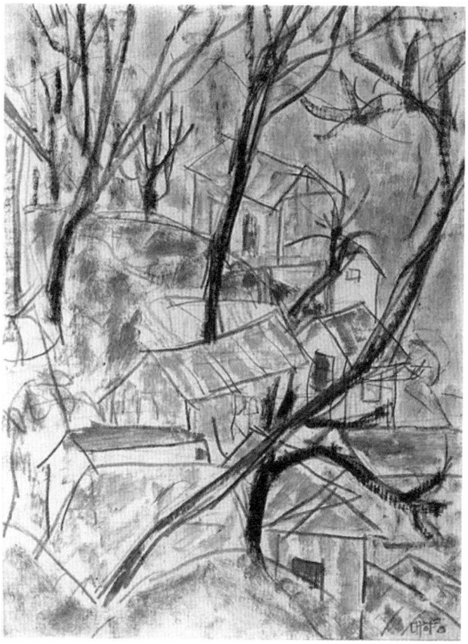

범일동 풍경

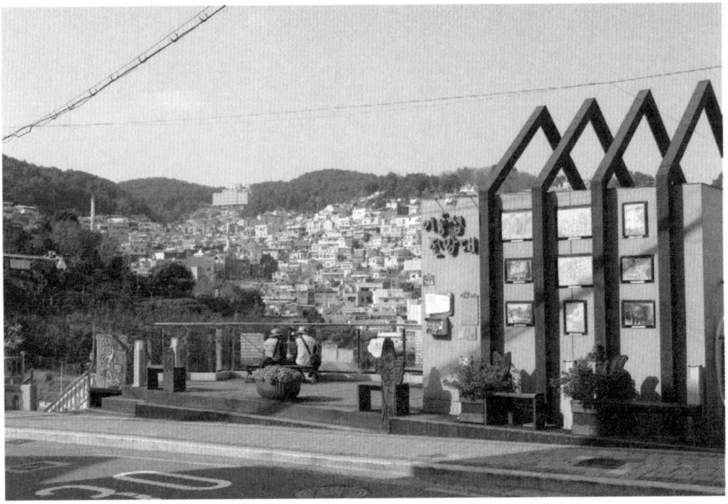

이중섭 전망대

범일동 1497번지와 이중섭 전망대

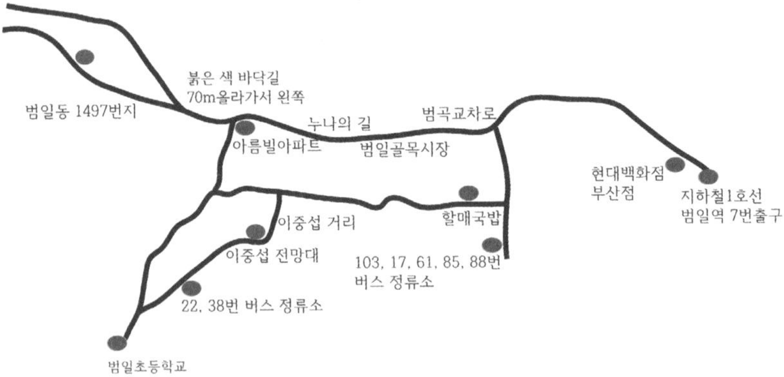

* 지하철 1호선 범일역 7번 출구에서 범일동 1497번지: 걸어서 10~15분
이중섭 전망대: 걸어서 10분

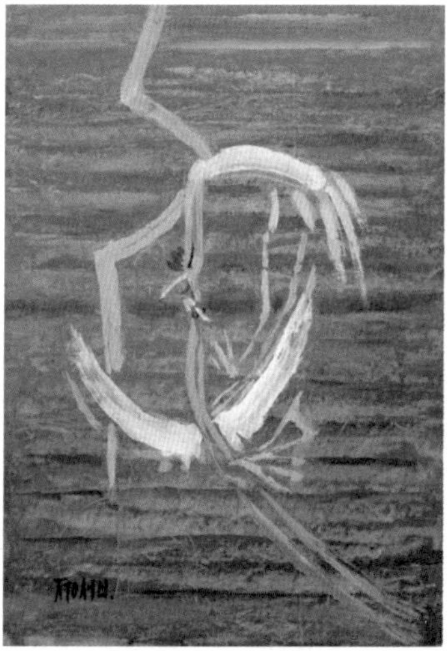

부부

전망대 주위에 '이중섭 쉼터', '이중섭 갤러리' '이중섭 문화거리' 등이 만들어져 있다. 벽이나 난간에 〈부부〉, 〈길 떠나는 가족〉 등의 그림과 이중섭이 일본에 있는 가족에게 보낸 편지 등이 부착되어 있다.

> 범일동 553번길 주변에 조성된 이중섭거리에는 그의 고단했던 삶과 치열했던 예술 세계가 파노라마처럼 펼쳐져 있다.[13]

범곡교차로 근처 옛 보림극장 자리 옆 할매국밥 앞에서도 올라갈 수 있다. 올라가는 길 벽에 이중섭 관련 김춘수의 시와 구상의 글, 이중섭 연보가 전시되어 있다. 할매국밥에서 희망 100계단 앞까지는 전시물을 안 보고 곧장 걸어 올라가면 5분쯤 걸린다. 지하철 1호선 범내골역에서 38번 버스를 타고 올라갈 수도 있다.

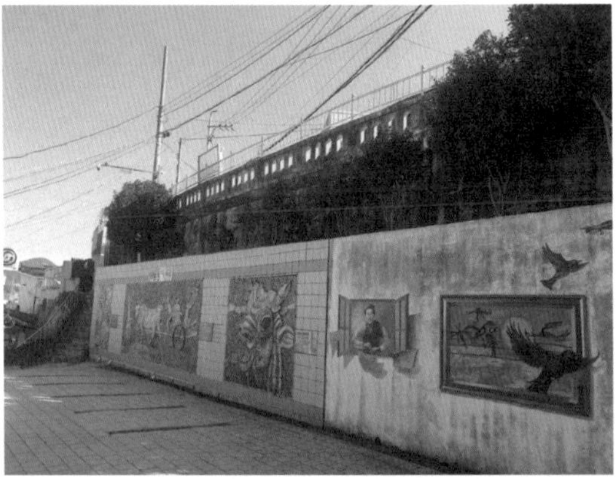

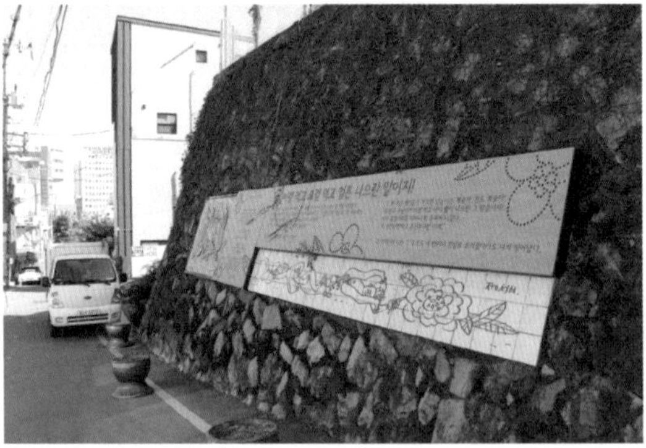

범일동 이중섭 거리

범내골

『부산지명총람』을 보면 범내(범천)는 "수정산에서 발원하여 북서쪽을 흐르다가 안창마을을 지나면서 동쪽으로 방향이 바뀌고 계속해서 옛 교통부와 평화시장을 지나 동천에 흘러드는 하천"[14]이다. 길이는 2.8km이다. 범내가 흘러내리는 골짜기가 범내골이다.

지도를 보면 수정산(314.7m) 북쪽에 안창마을이 있고 동쪽으로 내려가면 만리산과 증산을 찾을 수 있다. 그 사이 골짜기를 흘러내리는 하천이 범내이다. 지금은 거의 복개되었다. 아래 범곡교차로(교통부 로터리, 교통부 사거리)에서 물길을 따라 대략 직선을 그어보면 수정산 꼭대기까지 2km 남짓의 거리가 나온다. 길다거나 큰 하천은 아니다.

범내골 주변을 보면 범천, 호천, 호계천, 범곡, 호곡, 범천곡, 호천곡, 범천동, 범일동 등과 같은 이름을 찾을 수 있다. 범내가 근처 동네 이름의 뿌리가 되었음을 알 수 있다.

범내골의 '범'은 호랑이를 뜻한다. 범내는 범천이고 호천이다. '내'는 개천, 개울이다. 사전을 찾아보면 "시내보다는 크지만 강보다는 작은 물줄기"로 나온다. "산골짜기에 흐르는 시냇물"을 계류라고도 한다(호계천). '골'은 골짜기이고 한자로 하면 '곡(谷)'이다.

옛날에는 범내골에 사람이 들어가기 힘들 정도로 산림이

울창하고 냇가에 때때로 호랑이가 나타났다고 한다. 오늘날 보면 수정산(314.7m) 아래 안창마을까지 집이 들어차 있어 호랑이가 나타났다는 것이 믿어지지 않는다. 진짜 호랑이가 나타났을까? 싶다.

18세기 후반에 왜관에 호랑이가 나타났다는 이야기가 있다. 통역관으로 왜관에 온 오다 이쿠고로라는 일본인이 "당시 왜관 안에 들어선 호랑이를 잡아 고기를 나눠 먹던 현장에 있었고, 호랑이 고기를 맛본 감상을 남"[15]겼다고 한다. 18세기 후반 왜관이라면 지금의 용두산 공원 주변이다. 높이 49m의 용두산 공원에 호랑이가 나타났다면 높이 300m가 넘는 수정산에도 나타났을 가능성은 있다고 봐야한다.

범곡교차로에서 범내골 올라가는 입구에 범일골목시장이 있다. 거기에 호천석교비가 서 있다. 원래 비는 부산박물관에 가 있고 지금 서 있는 비는 최근에 복원한 것이다. 1711년에 건립되었고 "나무다리가 썩어서 돌다리로 바꾸어 놓으면서 세"[16]웠다고 한다. 지금의 동래와 부산진을 왕래하려면 이 다리를 건너야 했을 것이다. 물이 흘러내리는 다리 근처에 당시 마을도 있었을 것 같다. 조선시대 지형을 상상해 보면 호천석교비가 있는 범일골목시장 근처에 마을이 있었다. 그 위로는 울창한 삼림이었고 맑은 물이 흘러내렸다.

무연제정령지비(無緣諸精靈之碑)

범일골목시장에서 200~300m, 5분쯤 걸어 올라가면 아름빌아파트가 있다. 이 아파트 뒤쪽 담벼락에서 버려진 것 같은 비를 찾을 수 있다. 비 가운데에는 "無緣諸精靈之碑(무연제정령지비)"라고 붉은색으로 적혀 있다. "연고 없이 죽은 영혼들의 비"로 해석할 수 있다. 그 왼쪽에 작은 글씨로 "昭和十五年三月十日建立(소화 15년 3월 10일 건립)" "南鮮合同電氣株式會社(남선합동전기주식회사)"라고 나온다. 소화(昭和) 15년은 1940년이다. 남선합동전기주식회사는 부산에서 전차를 건설하고 운행했던 회사이다. 비는 전차 선로를 만들거나 운행하면서 돌아가신 분들의 위령비로 보인다. 근처에 무연고 묘도 있었을 것이다. 이 비의 자리가 원래 여기였다면 여기가 1940년에는 마을과 산의 경계였을 것 같다. 복개되어 보이지는 않지만 옆으로 범내가 지나간다.

범일동 1497번지

아름빌 아파트에서 150m남짓, 2~3분 걸어 올라가면 '범일동 1497번지'이다. 이중섭과 이남덕이 오산고보 입학 동기 김종영의 주선으로 방을 하나 얻어 살았던 곳이다. 45년 해방 이후 귀환동포를 위하여 조성한 마을이라고 한다. 53년 여기를 방문한 김영환은 판잣집들이 "광산 지대에 늘어선 광부들의 사택같이 다닥다닥 산비탈에 붙어 있"었고 "진달래가 푸릇푸릇 움트고 뻐꾸기 울음소리를 들"[17]었다. 이로 보면 당시는 산속 동네였을 것이다. 45~50년 사이에 귀환동포를 위하여 범내골 산비탈에다 집을 지었던 것 같다. 이중섭이 살았던 52년에는 6·25 전쟁 피란민들이 몰려들어 근처 산비탈에 판잣집을 짓고 살았을 것으로 보인다. 마을은 점점 산으로 올라갔고 범일동에 신발공장이 번창하면서 도시로 몰려든 사람들이 들어와 살기 시작하였다. 70년대가 되면 범내골의 가장 높은 곳에 안창마을이 형성되었다.

조선시대에는 범내골에 삼림이 울창하여 호랑이가 나타나기도 했다. 45년 해방 이후 귀환동포, 전쟁 피란민, 산업화의 물결이 밀어닥치면서 사람들이 집을 짓고 들어와 살기 시작했고 70년대가 되면 수정산 꼭대기 근처까지 밀고 올라갔다. 이중섭의 〈범일동 풍경〉에서 6·25 전쟁 무렵 범내골의 모습을 짐작해 볼 수 있다.

4장

52년 6월, 이남덕의 일본행

4장 52년 6월, 이남덕의 일본행

생활고

범내골 시절 이중섭과 이남덕의 생활은 매우 어려웠다. 그 무렵 언제인가 이중섭은 아침 이른 시간에 화가 백영수를 찾아 광복동 금강다방으로 갔다.

> 하루는 아침 일찍 금강에 나가 앉았는데 이중섭이 들어오더니 내 앞자리에 앉았다. 조금 후 주머니를 부스럭거리며 유화 물감 흰 것을 한 개 꺼냈다. 그것을 내 앞으로 쑥 밀어 놓는데 이미 3분의 1은 쓴 것이었다.
>
> "이게 뭔데?"
>
> 나는 의아해하면서 물었다.
>
> "이거 백형 써."
>
> "왜? 이형도 필요한데."
>
> 나는 다시 그것을 그에게 밀어 놓았더니 그가 다시 내 앞으로 밀어 놓았다. 조금 있다가 그가 다시 입을 열었다.
>
> "백형! 나 돈 쪼금만 줘."
>
> 나는 다시 물감을 중섭에게 밀어 놓으며 주머니에서 집히는

대로 돈을 주었다. 내 주머니도 그리 든든하질 않아 차 서너 잔 값 정도였던 것 같다.
물감과 돈을 집어 넣은 그가 금강다방 문을 밀고 선 채 어떤 여인에게 그 돈을 건네주었다. 문과 중섭 사이로 내가 본 것은 빛바랜 국방색의 낡아 끝이 헤어진 치마단과 고무신을 신은 여인의 맨발이었다. 그 돈을 건네준 중섭이 문을 닫았다. 나는 가슴이 몹시 울컥거렸다. '가난한 화가와 그 아내……. 오죽이나 급하였으면……. 이 차가운 날씨에 저들이 엊저녁 밥이나 먹었을까?' 하는 생각이 머리를 스쳤고 울컥 뜨거운 응어리가 목으로 치솟았다.
당시 화가들의 화젯거리는 그림 재료뿐일 정도였다. 그만큼 재료 사정도 나빴고 특히 가난할 대로 가난해진 피난 시절엔 재료 하나 사기도 무척 힘이 들었다. 더욱이 흰색 물감은 많이 쓰이기 때문에 화가들이 가장 아끼는 것이기도 하였다. 그런 것을 중섭이 들고 나와 돈과 바꾸려 했으니 그 절박함이 뼈에 저렸고 그것을 가져오기까지 얼마나 망설였을까 싶기도 하였다.[1]

금강다방은 광복동 미화당백화점(현 ABC마트) 근처에 있던 다방이다. 화가 백영수(1922~2018)는 부산 피난 시절 금강다방에 자주 드나들었다. 백영수는 다방 문밖으로 '빛바랜 국방색의 낡아 끝이 헤어진 치마단과 고무신을 신은 여인의 맨

발'을 보았고 이남덕으로 추측하였다. 아침 일찍 다방을 찾아 돈을 빌릴 정도면 '이 차가운 날씨에 저들이 엊저녁 밥이나 먹었을까?' 싶었다. 이중섭과 이남덕이 같이 부산에 있었고 날씨가 차가웠다면 52년 1월이나 2월쯤으로 보인다. 범내골에서 광복동까지는 걷는다면 한 시간 반쯤 걸린다. 전차가 다녔지만 돈이 없는 그들은 아마 걸었을 것이다. 이중섭만 보내지 않고 이남덕이 따라왔다. 뭔가 미덥지 않았던 것 같다. 범내골 판잣집 인근에 살았던 송혜수는 '많은 사람들이 중섭의 부산 시절을 얘기할 때 불우했다거나 비참했다고들 말한다. 사실 그가 처한 상황은 아내와 자식이 있는 사람의 상식으로는 최악의 상태였다.'[2]고 전한다.

이남덕의 편지

그리운 어머니, 아버지 잘 지내고 계신가요? 소식이 끊어지고 벌써 2년이 지났네요. 그동안 얼마나 걱정하셨을지 짐작이 갑니다. 부디 용서해 주세요. 고통스럽고 경황없는 피란민 생활을 하느라 소식을 전할 여유도 없이 겨우 입에 풀칠하며 살아왔습니다. 동란이 시작되자마자 원산 집은 공습으로 무너져버렸습니다. 그리하여 12월 초순, 저희 넷은 입은 옷만 걸친 채 부산으로 건너갔습니다. 그 후 돈은 커녕 갈아입을 옷도, 덮고 잘 이불 한 장도 없이 따뜻하고 살기 좋다는 이유로 제주도로 건너왔습니다. 예술가로서 할 수 있는 일이 없어 1년 동안 말도 못 할 고생을 했습니다. 게다가 영양 부족으로 건강까지 해쳐 뼛가죽만 남은 상태입니다. 아고리도 같은 상태로 정신적, 육체적 고통을 겪고 있습니다. 그런데도 원산에서 오랜 시간 호되게 갈고 닦은 예술을 향한 열정은 한층 격렬해져 작업이 마음대로 안 되는 것에 무척 괴로워하고 있습니다. 저희는 물론, 애들도 갈아입을 옷 하나 없이 영양 부족과 나빠진 건강 상태로 추운 겨울을 힘겹게 보내고 있습니다.[3]

영화 〈이중섭의 아내〉(감독 사카이 아츠코)에 나오는, 범내골 시절 이남덕이 일본에 있는 부모님에게 쓴 편지 내용이다. 『이중섭, 그 사람』의 저자 오누키 도모코에 따르면 51년 12월 20일 자 편지[4]이다. 제주도에서 부산으로 돌아온 직후 일본의 친정 부모님에게 도움을 요청한 것으로 보인다.

이중섭 미술관의 전은자는 "이남덕 여사가 친정에 보낸 1952년도의 편지들을 살펴보니까 1950년부터 1952년 사이에 편지 왕래가 없었다는 기록이 있었습니다."[5]라고 한다. 45년 4월 태평양 전쟁 말기에 혼자서 가방 몇 개 들고 바다를 건너온 이남덕은 6·25 전쟁 발발 이전에는 일본의 친정 부모와 연락을 주고받았던 것 같다. 하지만 50년 6월 전쟁이 나고 부산과 제주도를 흘러 다녔던 시절에는 일본 친정과 연락을 하지 못했다. 부산으로 돌아온 51년 12월 일본 친정 부모님에게 연락을 했고 52년 1월 초에야 "일본의 친어머니와 연락이 닿기 시작했"[6]다. 이남덕이 범내골에 살던 시절이다.

51년 12월 20일 자 이남덕의 편지를 보면 이중섭과 이남덕의 원산 광석동 집은 전쟁이 '시작되자마자' '공습으로 무너져'버렸다. 50년 7월 어림인 것 같다. 전선은 남쪽 낙동강 근처였지만 원산에는 미군 폭격기의 공습이 심하였다. 이중섭 일가족은 소개령에 따라 원산의 남쪽 안변군에 있는 과수원으로 피신하였다.

부산 적기 피란민 수용소와 제주도 서귀포, 다시 부산 범내골 시절을 지나면서 이중섭 가족은 '영양 부족으로 건강까지 해쳐 뼛가죽만 남은 상태'였다. '저희는 물론, 애들도 갈아입을 옷 하나 없'었다. '그림을 사는 사람이 없어 수입이 한 푼도 없는 상황이에요. 생활고가 상상 이상'[7]이었다. 수입이 한 푼도 없는 상황이었으므로 이남덕은 일본의 친정에 도움을 요청했다. "마사코 여사가 돈은 보내달라는 편지를 보내는데 돈보다는 물품이 낫다, 서적을 보내면 30배가 되므로 이런 것을 좀 보내 달라, 그리고 당시가 만약 전시 중이어서 형편이 어렵다면 자신의 기모노를 팔아서 7~8만 엔을 보내 달라."[8]고 했다. "그리고 적은 액수이지만 일본으로부터 송금이 있었습니다. 어머니가 동경에 있는 한국인 교회의 목사님께 부탁드려서 보내온 것이지요."[9] 이런 어려운 상황 속에서도 이중섭의 '예술을 향한 열정은 한층 격렬'해졌다.

그림을 그릴 땐 그림만 그려야지

이중섭은 부산 피난 시절 부두에 나가 부두노동을 하였으나 그리 오래 한 것 같지는 않다. 송혜수는 "이따금씩 팔리는 그림만이 그가 몇 푼 안 되는 돈을 만지는 유일한 기회였다."[10]고 한다. 그림 말고는 "중섭은 친구들의 권유로 당시 김광섭이 이끌던 문총 구국대 경남 지부에 들어가 배급을 타서는 범일동 산마루의 가족들에게 생계를 이어주고 있었다."[11]

'최악의 상태'였던 생활고를 이중섭은 어떻게 받아들였을까? 원산에서 부산으로 같이 월남한 한상돈은 "중섭이 돈과 생활에 관심이 없"[12]었다고 했다. 송혜수는 "그러나 정작 본인인 중섭은 이 극한 상황에 대해 직선적으로 불행하다거나 비참한 것으로 느끼지도 받아들이지도 않은 듯했다. 중섭은 그의 모든 삶을 희생하면서 가장 예술인답게 살고 있었는지 모른다."[13]고 전한다. 화가 백영수도 비슷한 이야기를 전한다.

> 그림을 그려도 그것만으로는 … 그림만 그려서는 생활하기 힘들었어요. 하지만 이중섭 씨는 무사의 마음가짐으로 … 그

림을 그릴 땐 그림만 그려야지 먹고 살기 위해 다른 일과 병행하는 건 옳지 못하다고 생각한 것 같아요. 다른 사람들은 안 그랬어요. 다른 사람들은 모두 뭔가 다른 일을 해서 따로 수입이 있었어요.[14]

이중섭은 '그림을 그릴 땐 그림만 그려야지 먹고 살기 위해 다른 일과 병행하는 것은 옳지 못하다'고 생각했다. 미술평론가 이경성은 이런 이중섭을 '예술지상주의자'로 설명한다.

참다운 예술가는 현실과 유리되어 「예술을 위한 예술」만을 창조하면 된다는 것이다. (…) 원래 자유주의자이고 아카데믹한 것이 싫은 중섭이 이 사상에 물든 것은 두말 할 것도 없다. 그러기 때문에 동경 시절과 그 후의 중섭은 완전한 예술지상주의자였고 어느 의미에서는 최후의 한국적 예술지상주의자인지도 모른다.[15]

이중섭은 '참다운 예술가'가 되고 싶었고 '예술을 향한 열정'을 놓지 않았다. 시인 구상은 이중섭이 어떤 상황에서도 '그저 그리고 또 그렸다.'고 한다.

판자집 골방, 시루의 콩나물처럼 끼여 살면서도 그렸고, 부두에서 노동을 하다 쉬는 참에도 그렸고, 다방 한구석에 웅크리

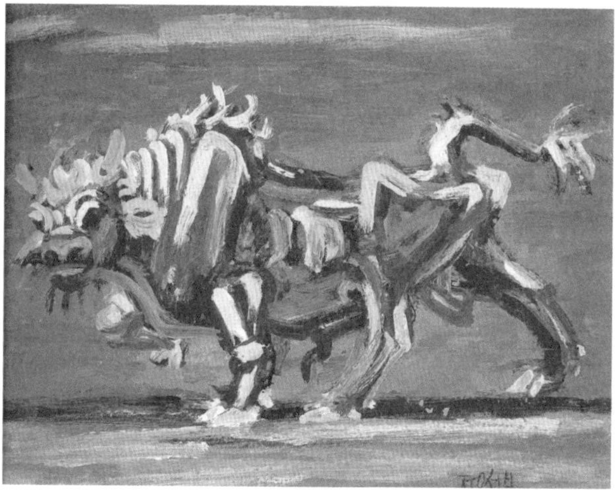

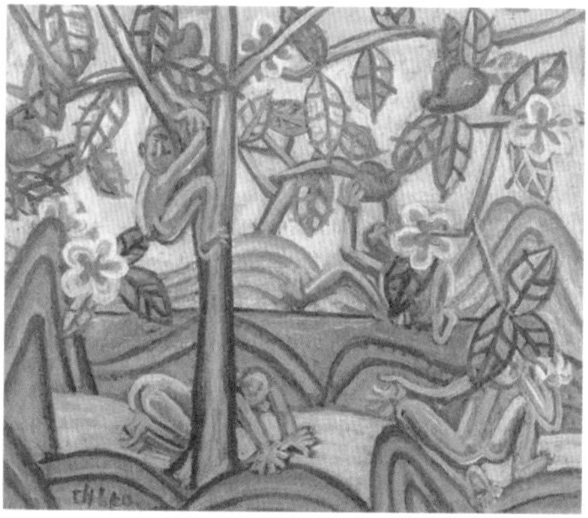

(위)흰소
(아래)도원

> 고 앉아서도 그렸고, 대폿집 목로판에서도 그렸다. 캔버스나 스케치북이 없으니 합판이나 맨종이, 또는 담뱃갑 은지에다 그렸고, 물감과 붓이 없으니 연필이나 못으로 그렸다. 잘 곳과 먹을 것이 없어도 그렸고, 외로와도 슬퍼도 그렸고, 부산·제주도·충무·진주·대구·서울 등을 표랑전전하면서도 그저 그리고 또 그렸다.[16]

이중섭과 "평양종로보통학교 같은 반 친구, 동경 문화학원 미술과 동창"인 화가 김병기는 "정말 이중섭은 그랬다. 남을 의식하지 않고 자신의 세계에 깊이 빠져드는 습성이 있었다."[17]고 한다. 부인 이남덕도 비슷한 이야기를 남기고 있다.

> 이것은 비단 이북에서만 그랬던 건 아니지만 주인은 너무 완벽하고 너무나 인간적이어서 때로 숨이 막힐 것 같은 느낌을 주는 데가 더러 있었습니다. 그이는 당신이 바라는 완벽성을 무언중에 저한테도 강요했으니까요.[18]

'주인'은 이중섭을 이야기한다. '자신의 세계에 깊이 빠져드는 습성'이 있었고 '완벽'을 바랐던 이중섭의 성격은 그의 예술과 삶에 어떤 영향을 주었을까?

45년 8월 해방 이전에는 식민지라는 상황 속에서도 '여장부적인 기질'을 가진 어머니와 사업가로 성공한 형의 울타리

안에서 일본 유학을 했고 생활에 큰 어려움은 없었다. 45년 8월과 50년 6월 전쟁 사이에는 '표현의 자유'를 억압당했고 생활은 "옹색해 보였다."[19] 전쟁이 나고 50년 12월 부산으로 피란 온 이후 생활은 최악이었지만 '예술을 향한 열정은 한층 격렬'해졌다. 이중섭은 '참다운 예술'과 '최악의 생활고'가 부딪히는 갈등을 어떻게 받아들였을까? 이 갈등이 그의 삶에 어떤 영향을 미쳤을까 싶은 궁금함이 생긴다.

이남덕 부친의 사망통지

> 52년 2월에 부친의 사망통지가 왔었어요. 주인은 처음에 이 사실을 제게 전해주지 않았지요. 제가 건강도 나쁜데다가, 알았다고 해도 곧바로 일본에 갈 수도 없는 형편이어서 일부러 얘기를 안 했던 거라고 해요. 그런데 몇 달 뒤, 아버님의 유언에 따라 저희들 네 딸에게 얼마간의 상속이 있으니, 당사자가 직접 법적인 수속을 밟아야 한다는 통지가 다시 왔어요.[20]

이남덕이 "일본의 친어머니와 연락이 닿기 시작했"[21]던 것은 범내골 판잣집에 들어갈 무렵인 52년 1월이다. 그 얼마 뒤인 "1952년 2월 19일"[22] 이남덕 여사의 아버지가 세상을 떠났고 어머니 도시코는 전보를 쳤다. 이 전보를 받은 이중섭은 이남덕에게 알리지 않았다. 이남덕의 건강과 갈 수 없는 형편을 들어 전하지 않았다고 하지만 궁색하게 느껴진다. '몇 달 뒤' 얼마간의 상속이 있으니, 당사자가 직접 법적인 수속을 밟아야 한다는 통지가 다시 왔다. '4월' 무렵인 것 같다. 이남덕은 귀국을 서둘렀다. 이남덕의 어머니 도시코는 일본에서 귀국에 필요한 수속을 밟기 시작했다.[23]

> 요즘 야스카타의 건강 상태가 걱정이에요. 부쩍 여위고 기침도 해 병원에 데려갔어요. 영양 섭취도 제대로 못 하고 있어서 귀국을 서두를까 해요.[24]

> 무모하게 피난지에 남아서 고생하는 것보다는 일단 돌아가서 생활 질서를 재정비하는 게 낫겠다고 판단한 저는 주인과 상의한 뒤 어린 두 아들을 데리고 부산의 일본인 수용소에 들어갔어요. 거기서 얼마간 대기하다가 제3차 송환선 편으로 동경의 친가로 돌아가게 되었습니다.[25]

1986년 여름호 『계간미술』 인터뷰를 보면 돌아가겠다고 '판단'한 주체는 이남덕으로 보인다. 더 이상 부산 피란지에서 버티기는 힘들다고 생각한 것 같다. 이남덕은 이중섭과 상의를 하고 일본인 수용소로 들어갔다.

이즈음 이중섭은 시인 양명문을 만나 이남덕을 보내는

것이 '부득이한 처사'[26]라고 이야기했다. 달리 어떻게 할 수 없는 상황이라고 보았던 것 같다.

제주도 이중섭 미술관 홈페이지 작가연보에는 '마사코는 아이들과 함께 먼저 일본에 가고 이중섭도 뒤따라가기로 의논하여 일본행을 추진하게 되었다'고 나온다. 이는 이남덕의 편지에서 확인할 수 있다. 51년 12월 20일 자로 일본의 부모님에게 보내는 편지에서 이남덕은 "아고리의 도항이 가능한지, 가능성이 있다면 우리 세 사람이 한발 앞서 귀국하려고 합니다." 라고 적었다. '아고리'는 이중섭의 별명이다. 51년 12월 말이면 제주도 서귀포에서 다시 부산으로 돌아온 직후이다. 이 무렵 이미 이남덕과 두 아들은 먼저 도쿄로 가고 이중섭이 뒤따라가기로 의논한 것 같다. 오누키 도모코는 이중섭이 먼저 "아이들을 데리고 도쿄로 돌아가면 어떨까?"(오누키 도모코, 181~182쪽) 라고 제안했다고 한다. 이남덕은 생활력이 없는 이중섭을 부산에 혼자 남겨두는 것을 불안해했다. 두 사람은 아주 복잡한 심정이었던 것 같다. 이후 이남덕과 두 아들은 일본인 귀환선을 타고 먼저 도쿄로 돌아갔다. 이중섭은 가족이 있는 일본으로 가려고 무진 고생을 했지만 여러 가지 장애물이 생겨 이루어지지 않았다.

초량 소림사 일본인 수용소

> 다음 날 남덕 부인과 태현, 태성은 초량동 미창 창고에 있는 일본인 수용소에 수용 소속을 밟고 들어갔다.[27]

시인 고은은 '남덕 부인과 태현, 태성'이 들어간 부산의 일본인 수용소가 초량동 미창 창고에 있었다고 한다. '미창'은 양곡을 저장하는 창고이다.

> 외무부에서는 그동안 전쟁피난 일본인 약 육백 명을 임시수용소인 소림사 안에 수용한 후 사회부와 교섭하여 식량 목탄 의류 비누 침구 레-용 등을 알선 배급하여 왔다.(〈부산일보〉, 51년 3월 22일)

> 외무부 부산출장소에서는 시내 초량동 소림사 및 적기 괴정 수용소에 수용되어 있는 일본인 380명 중 16일 하오 4시 알씨오 편으로 장정옥지(36) 외 31명을 본국으로 귀국시킬 것이라고 한다.(〈부산일보〉, 53년 5월 17일)

6·25 전쟁 기간 중 부산에는 일본인 수용소가 있었다. 50년 12월 적기수용소에 들어갔을 때 한상돈은 완월동 일본인 수용소로 옮기자고 이중섭에게 권유하였다. 51년 3월 22일

〈부산일보〉 기사에는 소림사, 53년 5월 17일 〈부산일보〉 기사에는 초량동 소림사, 적기, 괴정에 일본인 수용소가 있었다고 전한다. 6·25 전쟁 기간 중 부산 여러 곳에 일본인 수용소가 있었다.

'초량동 소림사'는 초량교회 옆에 있는 소림사(초량상로 65번길 7)로 보인다. 지하철 1호선 부산역 5번 출구로 나오면 5분 남짓 걸리는 거리이다. '육백 명'을 수용할 정도로 크지는 않다. 주변의 다른 건물을 수용소 건물로 같이 활용하였을 것이다. 고은이 이야기하는 '초량동 미창 창고'도 초량 소림사 일본인 수용소에 포함되었던 것이 아닌가 싶다. 지금은 일본인 수용소의 흔적을 찾을 수 없다.

오누키 도모코(오누키 도모코, 192쪽)는 초량동 소림사를 찾아가 들은 이야기를 전한다.

> 여기서 예전에 일본인이 대기하던 소림사인지 단도직입적으로 물었는데, 그렇다는 답이 돌아왔다. 우석 스님이 산책을 하며 절의 역사를 이야기해주었다. 본당에 인접한 회관이라고 쓰인 4층 콘크리트 건물이 예전에는 목조로 된 2층 건물이었는데 거기서 귀국선을 기다리던 사람이 생활했다고 한다.[28]

이남덕과 두 아들이 잠시 대기했던 곳이 '미창'인지 또는 2

층 목조 건물인지는 명확하지 않으나 초량 소림사 일본인 수용소라는 것은 분명해 보인다.

일인 3백 명 송환

> 5일 외무부 관측통에서 탐문한 바에 의하면 한국에 거주하는 일본인 3백 명이 수일 내로 귀국할 것이라고 한다. 귀국할 일인 3백 명 중 8할가량은 부녀자들이며 그들은 한국인과 같이 결혼생활을 하든 사람인데 그중에는 자기 남편이 납치된 사람 또는 자기 남편과 이혼한 것을 이유로 귀국하는 여자가 대부분이라 하는데 그들은 지금까지 부산시 초량동 소림사 일본인 수용소에 수용되어 있었다 한다.

〈경향신문〉 1952년 6월 8일 자 기사이다. '남덕 부인과 태현, 태성'이 '초량동 미창 창고에 있는 일본인 수용소'에 들어갔던 그 무렵이다. 초량동 소림사에 수용된 일본인 3백 명이 수일 내로 일본으로 돌아갈 것이라고 한다. 그중 '8할가량은 부녀자들'이었다.

이남덕은 52년 5월 29일 자로 일본의 어머니에게 보낸 편지에서 "6월 중으로 세 번에 나누어 일본인을 귀국시킨다고 합니다. 6일, 11일, 21일로 예정되었습니다만, 1회차가 언제 될까 아직 확실히 알 수 없어 저는 두 번째로 출발을 신청했습니다."[29]며 '빨리 돌아가려'는 마음을 전하였다. 출발은 조금 늦어진 것 같다. 이남덕과 두 아들은 '6월 25일'(오누키 도모코, 191쪽) 부산항을 출발한 것 같고 '3차 송환선'이었다고 한다. 이중섭 미술관의 전은자는 이남덕과 두 아들이 "입국증명서를 통해 6월 26일에 갔던 것이 정확하게 밝혀"[30]졌다고 한다.

52년 6월, 부산항 1부두

> 확실한 일자는 기억 못 합니다만 소화 27년(52년) 7월이었습니다. 무더운 여름이었고 부두에 주인과 양명문 선생 그리고 영진 도련님이 전송 나왔습니다. 저는 고개를 숙이고 한없이 울기만 했습니다. 가엾은 주인을, 의지가지없는 그 사람을 혼자 남겨두고 떠난다는 게… 언제 끝날지도 모를 전쟁터에 외톨이로 남겨둔다는 게…[31]

이남덕은 일본으로 돌아간 때를 52년 7월이고 무더운 여름이라 하였다. 이중섭 미술관 작가연보는 52년 "6월 17일, 마사코는 두 아들과 함께 제3차 송환선을 타고 일본으로 향했다"고 한다. 이를 따르면 6월 17일, 부산을 떠났고 6월 26일 일본에서 입국증명서를 받은 것이 된다.

조카인 이영진과 시인 양명문이 전송 나왔다. 양명문은 이남덕과 이중섭이 45년 5월 원산에서 결혼할 때 축혼시를 지어 낭독하였다. 양명문은 "부산 국제시장 안에 있던 냉면집에서 중섭의 가족을 위한 송별오찬으로 냉면을 대접했다."[32] 양명문은 평양 출신이고 이중섭도 평양 외할아버지집에서 초등학교를 다녔다. 이들에게 냉면은 고향 음식이다. '가족을 위한 송별오찬'이므로 이남덕도 같이했던 것 같다.

> 51년 12월 초순 중섭은 다시 가족과 함께 부산으로 나왔다. 그리고 이듬해인 52년 12월 중순께 아내 남득과 두 아들이 일본인 수용소의 제3차 귀환선편으로 일본으로 건너가게 되었다. 그때 나와 김인호·유강렬 등과 중섭은 중섭의 가족을 전송하게 되었다. 배를 타러가기 전에 나는 내 집에 들른 중섭 가족을 위해 찐방을 쪄서 안겨 주고 부둣가로 나갔다. 남득부인과 두 아들은 둥근 선창(船窓)에다 얼굴을 대고 부둣가에 선 우리들을 쳐다보며 울고 있었다.
> 중섭은 눈물이 글썽해서 고개를 숙이고 서성거리고 있었다. 우리는 이렇게 반나절이나 기다린 끝에 배가 떠나는 걸 보고 발길을 돌렸다.[33]

배를 타러 가기 전에 '중섭의 가족'은 '교통부 앞 로터리 부근(지금의 범곡교차로)'에 있는 화가 송혜수의 집을 들렀다. 송혜수의 집까지 갔다면 바로 뒤쪽 산비탈에 있는 '범일동 1497번지', 이중섭 일가족이 52년 봄에 살던 범내골 판잣집에도 들렀을 것이다. 초량 소림사 일본인 수용소를 나와 범내골 판잣집을 둘러보고 송혜수의 집에도 들러 인사를 했다. 송혜수가 찐빵을 쪄서 준 것은 배에서 먹으라는 뜻이었던 것 같다. 송혜수는 이남덕이 떠난 때를 52년 12월 중순으로 기억하였고 남덕도 '남득'으로 적고 있다.

김인호·유강렬도 이남덕을 전송하기 위해 부둣가에 나왔다. 김인호는 원산에서 부산으로 함께 피난 왔던 화가이고 유강렬은 함경도 북청 출신으로 뒷날 이중섭을 통영으로 초대한 공예가이다. '남득 부인과 두 아들은 둥근 선창에다 얼굴을 대고' 울고 있었고 이중섭도 '눈물이 글썽해서 고개를 숙이고 서성'거렸다.

> 52년 12월 중섭은 남득을 일본으로 떠나보냈다. 아니 중섭이 떠나보낸 게 아니다. 남득 스스로가 일본으로 갔다는 표현이 더 적절하리라. 남득이 일본으로 갈 때 나와 나의 아내 다이라 스미레는 제1부두로 나가 여러 사람과 남득을 전송했다.[34]

화가 한상돈도 송혜수처럼 이남덕이 일본으로 떠났던 때를 '52년 12월'로, 남덕을 남득으로 적었다. 6·25 전쟁 때 피난 온 한상돈과 송혜수는 전쟁이 끝난 이후에도 부산에 남아 화가로 활동하였고 '52년 12월'과 '남득'으로 기억을 공유한 것 같다. 부인이 일본인이었던 한상돈은 부인을 통하여 이남덕을 이해했다. 이남덕이 부산에서 너무 고생했고 견디기 힘들어 '스스로가 일본으로 갔다.'고 보았다. 송환선이 출발한 곳은 부산항 '1부두'였다고 한다.

> 귀국 후 마사코 모자는 (도쿄의) 마사코의 친정에서 살게 되었다.[35]

> 그날 밤 중섭은 대취하고 많이 울었다. 『내가 죄인이다. 내가 죄인이야.』 하면서 울고 또 울어대는 것이었다. 아내와 자식이 떠난 다음 중섭은 많이 달라졌다. 말수도 더욱 없어지고 술도 더욱 과해지기 시작했다. 그의 육체적·정신적 건강이 크게 상한 것은 아마 이때부터가 아닌가 싶다.[36]

송혜수는 이중섭의 '육체적·정신적 건강이 크게 상한 것'이 이남덕이 떠난 이후라고 보았다. 양명문은 "부인과 두 아들을 동경 친정집으로 보낸다는 얘기를" 이중섭에게 들었을 때 "순간 섬뜩했"[37]으며 불길한 징조로 받아들였다.

5장
이중섭과 돈

5장 이중섭과 돈

좀 큰돈이 그의 손에 들어오면

> 좀 큰돈이 그의 손에 들어오면 그 순간부터 그를 만나는 모든 사람들은 술친구가 된다. 바로 돈이 생기는 그 자리에서 절반 정도가 없어지며 집에는 어김없이 빈손으로 돌아오기 일쑤였다. 당시 그의 처자는 부산에 있는 일본인 수용소에 있었다. 콘크리트 바닥에서 고생하는 처자를 가엾게 생각하면서도 그는 그들에게 따뜻한 음식 한 끼 제대로 못 사 먹였다. 그가 처자를 만나러 갈 때는 항상 빈털터리였다.[1]

화가 박고석의 이야기이다. '부산에 있는 일본인 수용소'는 초량동 소림사 일본인 수용소로 보인다. 부인 이남덕과 두 아들이 여기에 들어간 것은 52년 5~6월 즈음이다.

이중섭의 가족 사랑이 아주 애틋했다는 것은 편지나 그림 등을 통해서 알 수 있다. 그런 이중섭이 '좀 큰돈'이 들어왔는데 '고생하는 처자'에게 '따뜻한 음식 한 끼 제대로' 사 먹이지 않고 친구들과 어울려 술을 마셔댄 것은 무슨 이유였을까?

부산 피난 시절 이중섭과 어울렸던 송혜수도 "그러면서 어쩌다 그림이 팔리면 돈을 아낄 줄 모르고 친구와 어울려 술을 마셔댔다."[2]고 한다.

가진 것 하나 없는 중섭

52년 6월 이남덕이 일본으로 가기 전부터 이중섭의 생활은 매우 곤궁했다. 송혜수는 '최악의 상태'였다고 한다. 이는 그 후에도 별로 달라지지 않았다. 53년 3월 화가 백영수는 이중섭, 김환기 등과 함께 조각가 윤효중을 찾아 진해로 갔다. 윤효중은 진해에서 충무공 동상을 만들고 있었고 제작 기간 동안 월급이 나오고 있어 비교적 형편이 나은 편이었다. 백영수 등은 "윤효중 덕분에 매일 산책하고 술 마시고 떠들며 놀았고 밤이면 낮부터 마신 술 때문에 곯아떨어지곤 하였다."

> 이렇게 빽빽이 누웠어도 밤잠은 참 잘도 잤는데 진해에서 지낸지 어느 정도 시간이 흐른 후부터는 이중섭이 오밤중에 일어나 훌쩍훌쩍 울어대기 시작하였다. 그 시간이 밤잠 속에서도 술기운이 살살 떨어지려 할 때였고, 그 울음소리는 여간 사람 마음을 심란하게 만드는 것이 아니었다. (…) 그날도 중섭이 오밤중에 일어나 앉아 또 훌쩍훌쩍 울기 시작하는데 조금 있으려니 김환기가 이불을 뻘떡 제치고 후딱 일어나 앉으며, "왜 울어?

왜 매일 밤 우는 거야? 재수 없게!" 하고 소리 지르며 화를 냈다. 우리도 그 바람에 어렴풋하던 잠이 활짝 달아나 버리고 가만히 숨죽인 채 두 사람의 대화를 귀담아 듣고 있었다.
그래도 이중섭은 아무 대답이 없는데, "얘기해! 왜 울어? 얘기해봐! 정말 왜 재수없게 자꾸 우는 거야?" 하며 수화가 다시 다그쳤다. 조금 후 "미안해서……" 하며 중섭이 중얼거렸다. "미안하기 뭐가 미안해. 울지 말고 잠이나 자!" 하며 김환기가 명령조로 얘기하곤 다시 자리에 누웠다. [3]

이중섭은 김환기가 '왜 울어? 왜 매일 밤 우는 거야? 재수 없게!' 하며 화를 내자 '미안해서……'라고 중얼거렸다. 이중섭은 '뭐가 미안'했을까?

결국 나의 추측으로는 "이렇게 진해에 와서 윤효중 덕으로 잠자리 얻어 자고, 배불리 먹고, 술 실컷 마시고 하는데……. 또 구두를 닦거나 담배를 사거나 하는 잡다한 잡비도 주로 수화가 내든지 아니면 주머니에 조금 여유 있는 다른 사람이 내는데……. 가진 것 하나 없는 중섭은 그저 따라만 다니니 중섭인들 아침 해장 막걸리 한잔이라도 사고 싶은 생각이 왜 없으랴. 자기도 남들처럼 돈 한번 내 보고 싶은 생각이 왜 없으랴. 그래서 그게 미안하고 그게 서러워 우나 보다"라고 내 나름대로 생각하였다.[4]

진해에서 이중섭은 '가진 것 하나 없'었다. 잠자리와 음식, 술 등을 친구들에게 의지하였다. '그게 미안하고 그게 서러워' 운다고 백영수는 추측하였다.

중섭은 이렇게 지내면서도 전람회가 끝난 뒤 그림값을 거둬 가지고 통영에서 실컷 마신 다음 대구로 떠난다. 그 돈을 대구에 가서도 뿌릴 작정이다.
"사실 이중섭 씨는 누군가가 반드시 매니저로 붙어 있어야 했습니다. 호주머니가 두둑할 때 그것을 빼앗아두었다가 유사시에 내줄 수 있어야 했습니다. 통영에서도 적지 않은 돈이 생겼습니다. 내가 그것을 맡아두고도 싶었지만, 자기가 애써서 그린 그림값이라고 생각할 때 그것을 강제로 보관할 용기가 나지 않았지요. (…) 대구에 갔다 오거나 하면 다 없어지고 말지요. 대구라면 어디 대구뿐입니까. 부산도 있지요. 좀 심하게 말하면 그곳에서는 몇 사람을 제외하고는 중섭을 뜯어먹는 친구들이 많았던 것입니다."
이렇게 유강렬은 말하고 있다. 이런 증언은 비단 그뿐 아니라 몇몇 그의 동료 화가들의 공통된 증언이다. 그러나 중섭은 돈을 쓰지 말라고 충고하면 "바로, 너 같은 속물!"이라고 격렬하게 말하는 일도 있다.[5]

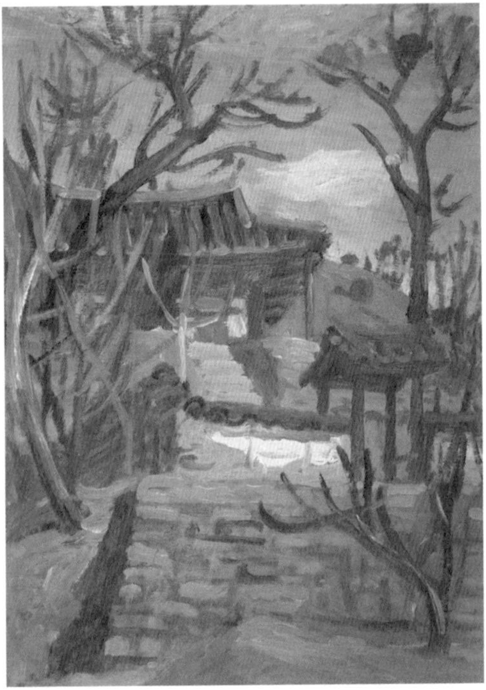

통영 충열사 풍경

시인 고은의 이야기이다. 이중섭은 53년 가을 통영에 갔고 다음 해 봄까지 머물면서 전람회를 열었다. 진해에서는 돈이 없다고 서러워했는데 통영에서는 '그림값'으로 '호주머니가 두둑'해졌다. '호주머니가 두둑'해진 이중섭은 '실컷' 마셨고 대구 부산을 갔다 오면 다 없어졌다. 이중섭은 돈을 쓰지 말라는 충고에 '바로 너 같은 속물!'이라고 격렬하게 말하는 일도 있었다. 왜 '속물'이라는 것일까? 이유가 무엇일까?

외상값

중섭 씨가 누상동에 있을 때 인근 구멍가게에 외상값이 있었던 모양이다. 이걸 갚지 못하고 대구에 내려온 것이 마음에 걸린다는 눈치였다.

서울로 가는 길에 나는 그가 일러 준 그 구멍가게를 찾아갔다. 구멍가게 외상값은 얼마 되지 않았다. 5백 환도 채 안 되는 금액이었던 것 같다. 주인은 기억조차 하지 못했다. 외상값을 갚으려 대구에서 올라왔다니까 별사람 다 봤다는 얼굴로 옛날 장부를 뒤적거렸다. 1년쯤 된 것이니 그런 것이 있었던가 싶은 미심쩍은 생각으로

「아, 여기 있었군요. 요 앞 이 층에 혼자 사시던 분 말이지요. 얼마 되지도 않은 건데 먼 데서 일부러 찾아오시다니……」 하

며 사람 좋아 보이는 중년 부부는 오히려 미안한 눈치였다. 이 돈을 대신 갚아 주고 난 내 마음은 한없이 홀가분했다. 대구에 돌아와 이 일을 알렸더니 중섭 씨는 어린애처럼 고마와했다. 그 때만 해도 그나 나나 어린애같이 순연한 데가 있었던 모양이다. 피비린내 나는 전쟁을 겪고서도 메마르지 않은 것이 있었던 것이다.[6]

이중섭이 서울 인왕산 자락 누상동에 살 때는 54년 여름과 가을이다. 김광림이 '서울로 가는 길'에 누상동 구멍가게를 찾아가 외상값을 갚은 때는 55년 대구 시절이고 아마 봄어림인 것 같다. 시간이 좀 지났고 구멍가게 주인도 기억하지 못할 정도로 얼마 되지도 않았다. 김광림이 외상값을 갚았다고 하자 이중섭은 '어린애처럼 고마와했다.' 비슷한 일은 또 있다.

그런가 하면 한편 이런 일도 있었다. 그가 병이 다시 도져 청량리 뇌병원엘 입원했단 소리를 듣고 내가 대구에서 뛰쳐 올라와 가보니 이것은 정말로 너무 참혹하였다. 그래서 곧 적십자병원엘 교섭하여 옮기려고 거기(청량리병원) 2층 수용실엘 가서 그를 이끌어 내는데 그는 잠깐 기다리라고 하고선 각방으로 돌아다니며 그 망측한 꼴의 환자들에게 일일이 창살로 악수를 청하며 위로와 작별의 인사를 나누었다. 그리고선 현관 수부(受付)앞에 나오다가는 나보고 병원에서 준 성서와 슬리퍼 값을 물고 가자는 것이었다.

나는『계산을 다 끝냈다』고 속이고는 그를 지이프 뒤에 싣고(이때 자해로 요절한 조각가 차근호와 함께였다) 서대문까지 오면서 눈물이 쏟아져 나오는 것을 주체할 수 없었던 기억이 난다.[7]

구상이 서울로 올라가 청량리 병원에 있던 이중섭을 적십자 병원으로 옮긴 것은 56년 7월이다. '간장염'으로 몸이 망가져 세상을 떠나기 두어 달 전이다. 병실은 '창살'로 격리된 것 같다. 그때도 구상에게 '병원에서 준 성서와 슬리퍼 값을 물고 가자'고 하였다. '성서와 슬리퍼'를 공짜로 받은 것이 마음에 걸렸던 것 같다.

진해나 서울 누상동, 청량리 뇌병원의 경우를 보면 이중섭은 누군가에게 빚을 지고 싶지 않았던 것 같다. 빚을 지면 마음에 걸렸고 어떻게든 갚으려고 했다. 조정자는 홍익대학교 석사논문에서 "착했던 중섭은 비통한 심정을 술로 달래면서 한 잔 얻어 마시면 두 잔 갚아야 하는 빚지고 살 수 없는 성격"[8]으로 이중섭을 파악했다.

소유욕으로부터의 해방

> 중섭은 산술을 할 줄 몰랐다. 어떤 물건이 얼마의 가치가 있으며 그것으로 얼마어치의 술을 마실 수 있는지를 요량하지 못하는 위인이었다. 중섭은 만년필을 잡히고 나와 술을 마실 심산이었다. (…) 그는 「소유욕으로부터의 해방」이라는 유별난 성격을 갖고 있었다. 돈이건 물건이건 자기 것이라는 의식이 없었다. 그에 관한 기이하고 신화 같은 에피소드는 모두 이러한 그의 성격에 기인되는 것이었다.[9]

송혜수가 보기에 이중섭은 '산술을 할 줄 몰랐'고 물건의 가치도 '요량'하지 못했으며 '돈이건 물건이건 자기 것이라는 의식이 없었다.' 소유욕이 없는 사람이었다. 한상돈도 "특히 중섭이 굳건한 현실적 생활감각을 갖고 있는 사람이 아니고 보니 (이남덕은-필자 주)기가 찼을 것이다. 중섭이 돈과 생활에 관심이 없기로는 원산서도 마찬가였다."[10]고 전한다. 송혜수는 부산 피난 시절 언젠가 시인 양명문과 함께 이중섭의 그림을 팔러갔다.

> 그러던 어느 날 우리가 어느 다방엔가 죽치고 있을 때 양명문이 나타났다. 『중섭아 그림 살 사람이 나타났다』고 반가와 소리쳤다. 그랬더니 중섭은 『하아 누가 내 그림을 산다고?

그 사람 또 속았다. 사기 당했다』고 말하면서 통 반가운 기색을 보이지 않았다. 그리고 그림을 내놓을 기색이 없었다. 『큰 목재상을 하는 이북 피란민인데 홍정은 내가 할테니 그림이나 내놓으라』 양명문은 재촉했다. 결국 뺏다시피 하여 그림을 받아낸 양명문은 그림을 목재상 주인에게 갖다 주었다. 며칠 후 양명문과 나와 중섭은 그 목재상으로 그림 값을 받으러 갔다. 목재상 주인은 중섭의 이름을 알고 있었던 모양이었다. 그림값은 양명문이 이미 홍정을 해놓았는데도 중섭에게 『이 선생, 얼마를 드릴까요』라고 그는 묻는 것이었다. 우리는 중섭의 입만 쳐다보고 있었다. 중섭도 홍정돼 있는 가격을 알고 있으니 그렇게 값을 부르면 되는 것이었다.

중섭은 그 주인의 얼굴을 쳐다보고, 천장을 쳐다보고 하며 한참이나 눈을 굴리더니 난데없이 오른손 손가락 3개를 쑥 내밀었다. 그때의 액수를 정확히 모르지만 단위로 봐서 10배가 틀리는 액수를 중섭이가 말한 것이다. 예를 들면 양명문은 3만 환으로 홍정을 했는데 중섭은 손가락 3개를 내며 「3천 환」이라고 부른 것이다. 양명문은 눈을 휘둥그렇다. 그러나 중섭은 그래놓고도 태연히 천장만 쳐다보고 있었다. 목재상 주인은 중섭의 말대로 돈을 내주었다. 양명문과 나는 할 수 없이 그냥 앉아 주인과 잡담을 하고 있었는데 중섭이 슬그머니 일어나 나가는 것이었다. 우리는 화장실에 가거니 생각했다.

한참이 지나도 중섭이 돌아오지 않아 양명문과 나는 그를 찾아 화장실에 가보았으나 거기엔 없었다. 우리는 넓은 목재상 마당을 둘러보았다. 그때 중섭이 목재상의 큰 나무대문 뒤에서 목을 쑥 빼밀고는 우리에게 손짓을 하고 불렀다. 그는 황급히 「빨리 가자. 빨리 도망치자」 하면서 서둘렀다. 그림 값에 화가 난 양명문이 「왜 그러느냐」고 물었다. 중섭은 목재상 사무실을 가리키며 「저 사람 사기당했어. 내가 사기했단 말이야. 곧 우리를 잡으러 온다. 빨리 도망가자」 하면서 뒤도 안 돌아보고 잰걸음으로 달아나는 것이었다. 우리는 하도 어이가 없고 그의 말이 실감이 나지 않아 한동안 멍하니 서 있었다.[11]

양명문이 '예를 들면' 3만 환으로 흥정해 두었는데 중섭은 흥정 가격을 알면서도 3천 환을 불렀다.(1953년 2월 17일 화폐개혁이 있었고 원에서 환으로 바뀌었다. 그 이후로 보인다.) 그러고는 슬그머니 도망치면서 자기 그림을 사려는 사람이 '속았다. 사기당했다'고 말했다. 자기 그림은 그만한 가치가 없는데 사기를 쳤다는 것 같다.

'좀 큰돈이 그의 손에 들어'왔을 때
친구들과 어울려 다 없앤 이유

> 배가 고파도 혼자서는 무슨 맛있는 음식을 실컷 먹을 용기가 생기지 않고, 수중에 얼마간의 돈이 있다면 그것을 남몰래 갖고 있다는 죄의식 때문에 아예 친구들에게 나눠주거나 없애 버리지 않고는 미안해서 못 앉아 있는 사람[12]

시인 김규동이 보기에 이중섭은 '수중에 얼마간의 돈이 있다면 그것을 남몰래 갖고 있다는 죄의식'을 가졌다. 그래서 친구들에게 나눠주지 않으면 '미안해서 못 앉아 있는 사람'이었다.

'이따금씩' 그림이 팔리면 그 돈으로 친구들이나 아는 사람들과 술을 마시고 '없애 버'린 것은 그동안 빚졌던 사람들에게 어떤 식으로든 갚으려는 이중섭의 방식이었던 것 같다. 아마 형편이 나아지면 김광림과 구상에게도 대신 갚아준 외상값을 돌려주려고 했을 것이다.

'중섭은 산술을 할 줄 몰랐다. 어떤 물건이 얼마의 가치가 있으며 그것으로 얼마어치의 술을 마실 수 있는지를 요량하지 못'했다. 친구들에게 빚 갚는 술을 산다고 해도 가족들에게 가져다 줄 돈을 남긴다든가 나중에 없을 때를 대비해서 저축한다든가 하는 '산술을 할 줄 몰랐다.' 통영에서 유강렬이 '사실 이중섭 씨는 누군가가 반드시 매니저로 붙어 있어야 했습니다.' 라고 한 것도 이런 맥락에서 이해할 수 있다.

시인 김규동은 "시대를 잘못 알고 태어난 불우 인간임에 틀림없다. 하지만 누가 뭐래도 이중섭은 마음 고운 한 사람의 평범한 화가"[13]였다고 회고한다. 오늘날 이중섭은 신화 속의 인물처럼 비쳐지지만 사실은 결점도 많고 평범한 인간이었다는 뜻으로 읽을 수 있다.

6장
52년 여름, 동천 아틀리에

6장　52년 여름,　동천 아틀리에

이남덕과 두 아들이 떠난 후 "이중섭은 여전히 부산 범일동 판잣집에 머물고 있었다."[1]고 한다. '범일동 판잣집'은 세를 얻어 살았고 부인과 두 아들이 떠난 후 한동안 머물다 어느 때인가 정리를 한 것 같다.

> 이중섭은 부산에서 잠시 나의 집에 있기도 했다. 나는 당시 부산공고에서 1년 정도 선생을 한 일이 있고, 그때 학교 앞 개천가에 밥집 겸 다방을 하느라고 판잣집을 두 채 지었다. 그 가운데 한 채가 비어 있었기 때문에 그를 데려다 밥은 같이 먹고 잠은 그곳에서 자게 했다. 그가 이북에서 피난 올 때 가지고 온 것이라고는 그림도구와 개털옷 한 벌뿐이었다. 그는 이부자리도 없이 그 개털옷을 깔고 잠을 자야 했다.
> 우리 둘은 매일 화구를 들고 변두리로 스케치를 나갔다. 주머니에는 지금 돈으로 오백여 원이 항상 들어 있었다. 점심은 항상 막걸리 한 잔에 깍두기였다.[2]

「박고석 연보」를 보면 화가 박고석은 부산 피난 시절인 1951~52년경 "부산공고에 미술교사로 들어갔다."[3]

당시 부산공고는 현재의 성동중학교 자리에 있었다. 지금은 문현동이지만 당시는 범일동이었다. '학교 앞 개천가'는 동천이다. 동천은 부산 백양산, 엄광산, 황령산에서 내려온 물이 모여 서면과 시민회관을 거쳐 부산항으로 흘러드는 하천이다.

51~52년경 박고석은 지금의 성동중학교 근처 동천에 '밥집 겸 다방을 하느라고 판잣집을 두 채 지었다.' 이중섭은 그 가운데 한 채에서 잠도 자고 밥도 먹었다. '화구를 들고 변두리로 스케치를 나'가기도 했다.

> 이제 판잣집 '아틀리에'를 이룩하여 그림장이라도 제법 그리게끔 되었다. 방 구석구석에 보따리 등의 세간은 늘어만 가고 아틀리에의 판자벽엔 그림장이 꽉 찼다.[4]

화가 박고석이 1953년에 쓴 「보따리 살림」에 나오는 내용이다. 박고석은 '부산공고에서 1년 정도 선생을' 할 때 동천에 판잣집을 짓고 이를 화실로 만들어 그림을 그렸다. 박고석은 이를 '판잣집 아틀리에'라고 불렀다. 미술평론가 황인은 '동천 아틀리에'로 이름 붙이고 있다.

> 이중섭은 일본인 부인과 아들 둘을 일본으로 보낸 후라 매우 외로웠다. 동천 아틀리에의 좁은 방에서 박고석과 이중섭은 술을 마시기도 하고 밤새도록 그림을 그리기도 했다.[5]

'일본인 부인과 아들 둘을 일본으로 보낸 후'면 52년 6월 이후이다. 52년 여름, 이중섭은 범일동 동천가, 박고석의 '판잣집 아틀리에'에서 '술을 마시기도 하고 밤새도록 그림을 그리기도 했다.' 계속해서 거주했는지는 분명하지 않다.

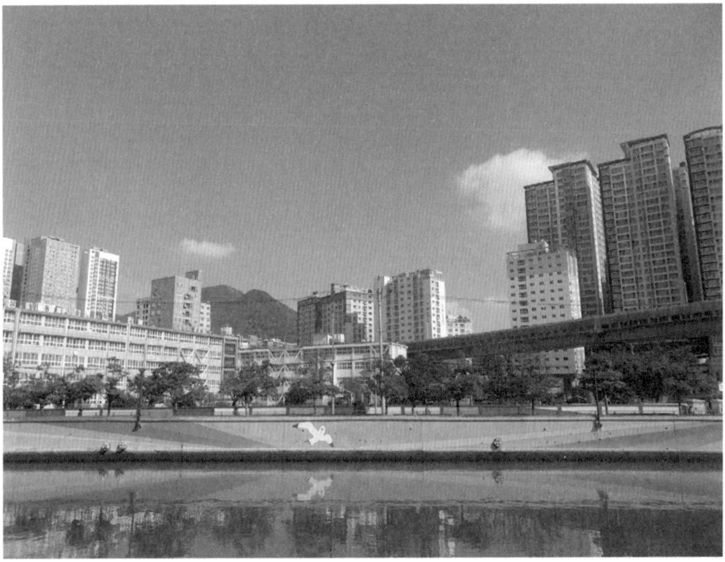

동천 성동중학교

아래가 동천이고 왼쪽 성동중학교, 동서고가도로와 아파트 너머 산비탈이 문현동이다. 고가도로와 아파트를 삭제하면 산비탈을 볼 수 있다. 기찻길인 우암선은 성동중학교(당시 부산공고) 동쪽으로 지나갔다.
그 산비탈에 들어선 판잣집과 피난민을 그린 그림이 박고석의 〈범일동 풍경〉. 박고석이 동천가, 동천 아틀리에 또는 성동중학교에서 산비탈을 바라보고 그렸을 것으로 추정된다.

동천 아틀리에

부산공고의 서쪽 담벼락을 끼고 동천에 말뚝을 박아 아틀리에를 겸한 판잣집을 지었다. 10평도 채 안 되는 공간이었다. 부엌과 아틀리에 그리고 3명이 겨우 누울 수 있는 방이 하나 있었다. 화장실의 배설물은 동천으로 떨어져 곧바로 바다로 흘러갔다. 판잣집이라 했으나 목재는 고급이었다. 거기다 전

성동중학교(구 부산공고) 주변

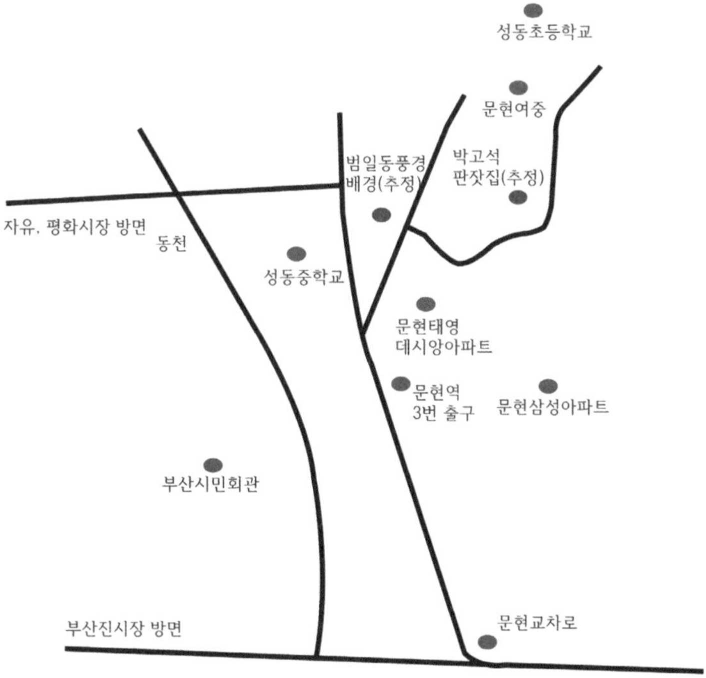

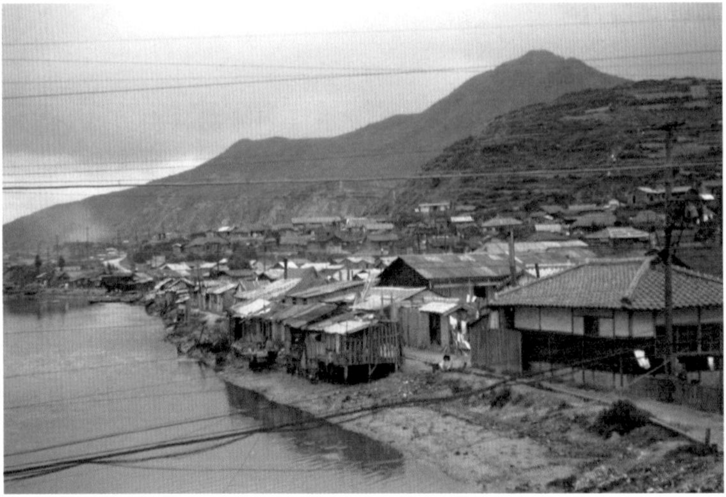

1952년 부산 남구 문현동 범일교에서 바라본 동천하구 문현동 일대.
©부경근대사료연구소

체적으로 흰색 페인트칠을 하였다. 시절은 우중충했지만 이 아틀리에는 비현실적으로 찬연하고 고상한 아우라를 발산했다.[6]

미술평론가 황인의 설명은 좀 더 구체적이다. 박고석의 아틀리에는 부산공고의 서쪽 담벼락을 끼고 있었다. 지금의 성동중학교 서쪽 동천 가이다. 하천에 말뚝을 박아 지은 판잣집이다. 부엌, 아틀리에, 작은 방이 있었고 화장실도 있었다. 황인은 이를 '동천 아틀리에'라고 부른다.

박고석의 집에는 한묵, 손응성, 이중섭, 김환기 등이 어울렸는데 손맛 좋은 그의 아내가 개천 위에 기둥을 세워 간이식당을 열고 카레라이스를 팔아 연명했다. …… 그는 지금의 범일동 동천 바로 위에 아틀리에를 지어 사용했는데, 나무로 얼기설기 지었지만 운치 있는 집이었던 것으로 김청정(전 신라대 교수)은 기억한다. 부산 최초의 아틀리에라는 이 작업실은 그가 상경하면서 김경에게 물려주었다.[7]

〈국제신문〉에 연재된 「정준모의 한국미술과 부산」에 나오는 이야기이다. 박고석의 아내는 '간이식당을 열고 카레라이스를' 팔았고 한묵, 손응성, 이중섭, 김환기 등 많은 화가들이 드나들었다. 전 신라대 교수 김청정은 '범일동 동천 바로 위에 아틀리에'가 '나무로 얼기설기 지었지만 운치 있는 집이었'다고 기억한다.

박고석이 서울로 돌아가자 부산공고 미술교사로 일본대학 후배인 김경(1922~1965)이 부임했다. 그는 박고석의 동천 아틀리에도 물려받았다. 해동중학교 교사인 목판화가 정규(1923~1971)와 경남여중 미술교사인 하인두(1930~1989)가 이 아틀리에를 드나들었다. 박고석이 동천에 세운 자그마한 아틀리에는 전후의 한국현대미술이 꽃피는 큰 울림의 공간

이 되었다.[8]

53년 휴전협정이 체결되고 박고석이 서울로 돌아간 뒤에도 한동안 동천 아틀리에는 유지되었다. 미술평론가 황인은 '동천 아틀리에'를 "전후의 한국현대미술이 꽃피는 큰 울림의 공간"으로 평가하였다. 2021년 현재 성동중학교 앞 동천에서 '동천 아틀리에'의 흔적을 찾을 수는 없다.

광안리 해수욕장 카레라이스 밥집

> 1952년 여름 수복되기 전해 여름 바닷바람도 쏘일 겸 끼니도 해결할 셈으로 광안리 해수욕장 한구석에 나는 또다시 밥장사랍시고 천막을 쳤다. 자본금 5천 원을 만들어서 간단한 목재와 광목으로 집 같은 것을 짓고 약간의 취사도구와 시이레(장보기) 자금을 투입하여 카레라이스 전문 밥집을 시작했다. (…) 소위 밥집인지라 남는 것으로 식구들의 먹는 건 보장되는 셈이어서 제법 식객으로서 지금은 파리에 가 있는 화우 한묵 형, 이미 세상을 달리한 이중섭 형, 정규 형 또 그 밖에 몇 명 후배들의 식청(食廳) 구실도 했다.[9]

52년 여름 박고석은 광안리 해수욕장에 '카레라이스 전문 밥집'을 열었다. '여름 한철을 노려 천막으로 겨우 햇볕을 막은 노상식당'이었다고 한다. 한묵, 이중섭, 정규 등이 와서 밥을 먹고 갔다. 박고석은 이중섭을 '식객'이라 하였다. 미술평론가 황인은 이중섭이 '식객'을 넘어 '동업자'였다고 한다.

> 엉뚱하게도 이중섭이 카레라이스 천막식당 동업을 선언했다. 말이 동업자지 전혀 도움이 되지 않았다. 그는 정처 없이 떠도는 사람이었다. 며칠 동안 자취를 감추었다가 갑자기 나타나서는 카레라이스 서너 그릇을 먹고는 어디론가 사라지곤 했다. 덩치가 큰 데다 먹성이 좋았다. 천막식당을 지키고 돌보는 일은 오로지 박고석의 몫이었다. 영업에 방해만 될 뿐인 이중섭을 거두어 주는 일도 그의 몫이었다.[10]

미술 평론가 황인에 따르면 '엉뚱하게도' 이중섭은 동업을 선언했다. 동업이라면 식당을 여는 데 필요한 비용을 같이 부담했다는 뜻으로 읽을 수 있다. 이중섭은 동업자였으나 식당 일을 도와주지는 않았고 먹성만 좋았다. '영업에 방해만 될 뿐'이었다. 황인에게 이야기를 전해준 이는 이중섭을 비판적으로 본 것 같다.

52년 여름, 이중섭은 '정처 없이 떠도는 사람'으로 보였다. 동천 아틀리에를 드나들었고 '화구를 들고 변두리로 스케치를 나갔다.' 박고석의 식당을 찾아 광안리 해수욕장을 가기도 하였다.

시인 고은은 이중섭이 "부산시대에 김종문과 단둘이서 경주 여행을 한 적이 있"[11]고 석굴암에도 올라갔다고 한다. 이를 최열은 이중섭의 결혼식에 참석했던 양명문의 신혼여행과 연결하여 52년 여름[12]으로 본다. 어린 시절 평양에서 본 고구려 고분 벽화에 깊이 빠져 있던 이중섭은 '석굴암에 가서 놀라지 않았다'고 한다.

1950년 이전 이중섭의 행적을 보면 방랑 기질이 있어 보이지는 않는다. 하지만 52년 여름 이중섭은 '부인과 아들 둘을 일본으로 보낸 후라 매우 외로웠'고 '정처 없이 떠'돌았다.

박고석의 〈범일동 풍경〉(1951)

박고석은 부산 피란 시절인 51년, 〈범일동 풍경〉이라는 제목의 그림을 남겼다. 이중섭의 〈범일동 풍경〉과는 다른 그림이다.

박고석 〈범일동 풍경〉의 배경은 산비탈 동네다. 뒤로 멀리 산봉우리가 보인다. 중간으로 집과 전봇대, 전깃줄이 어지럽다. 앞으로는 기차 레일이 있고 아이를 업은 여자와 사람들이 레일 위를 걸어가고 있다.

범일동에 기차 레일이 지나가는 곳이 있었을까? 2020년

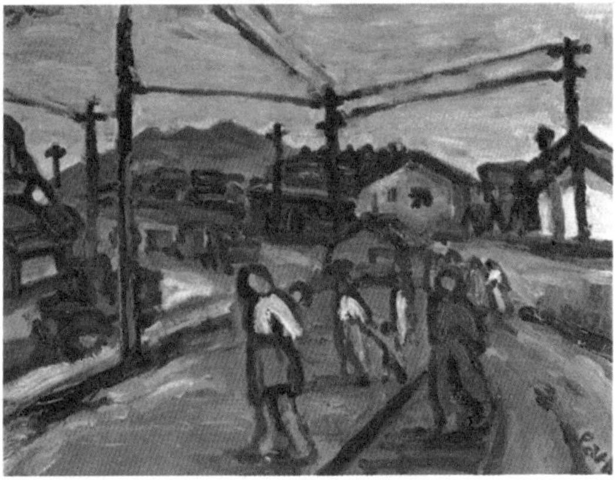

박고석의 범일동 풍경 ©박기태

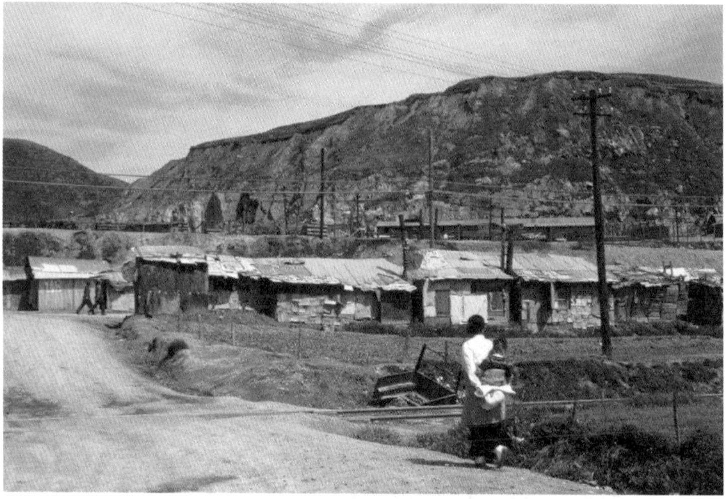

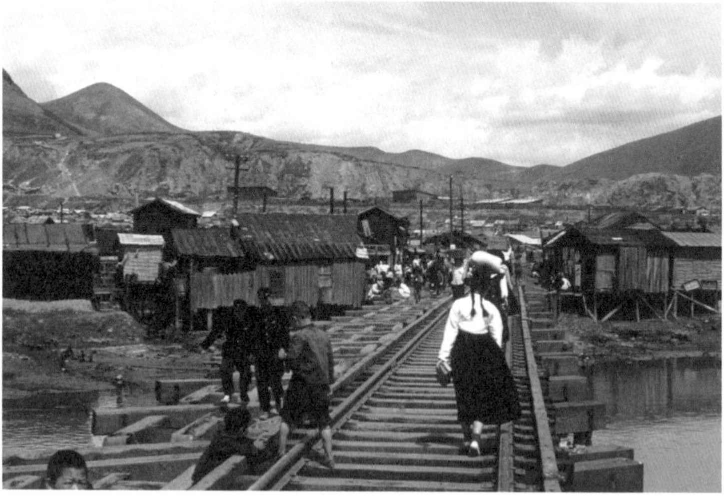

(위)아기를 업은 여자, 우암선 철길, 철길 건너에 종이박스로 지붕과 벽체를 만든 피란민 판잣집과 산으로 이어지는 모습이 박고석의 범일동 풍경과 비슷한 느낌을 주는 1954년 사진. ©부경근대사료연구소
(아래)1954년 부산 동구 범일동의 동천을 가로지르는 우암선 철길. ©부경근대사료연구소

현재 기준으로 보면 부산과 서울을 오가는 경부선 철길이 현대 백화점 부산점과 범곡 교차로 사이에 있다. 철길에는 철망으로 울타리가 쳐져 있어 아예 들어가지 못하고 위에 놓인 육교로만 건너갈 수 있다. 경부선 기차는 자주 다니는 편이어서 철로 위를 걷는 것은 위험한 일이다. 52년에 육교가 없었다면 차단기 정도는 있어야 한다. 박고석의 〈범일동 풍경〉의 철길에는 차단기도 없고 아이를 업은 아줌마와 많은 사람들이 한가로이 철길 근처를 지나고 있다. 경부선 철길은 아닌 것으로 보인다.

1951년경에는 범일동을 지나가는 기찻길이 하나 더 있었다. 부전역과 우암역(7부두)을 오가는 우암선이다. 1951년 8월 개통하였다. 6·25 전쟁 중 부산항 부두에 내려놓은 유엔군 군수물자와 병력을 실어 나르기 위해서였다. 우암선은 당시 하루 한두 차례 천천히 다녔다고 한다. 큰 위험 없이 철길을 따라 걸을 수 있었다. 1984년 폐선되면서 철길은 철거되었고 지금은 흔적을 거의 찾을 수 없다. 이 우암선 철길이 성동중학교(부산공고) 동쪽으로 지나갔다. 성동중학교의 현재 주소는 문현동이지만 51년 당시 주소는 범일동 810번지[13]였다. 그러므로 박고석의 〈범일동 풍경〉에 나오는 철길은 우암선으로 추정할 수 있다.

박고석의 〈범일동 풍경〉의 배경을 짐작해 본다. 성동중학교 동쪽은 2021년 현재 동서고가로와 왕복 7~8차선의 넓은 도로가 지나간다. 도로 너머 산비탈에는 고층 아파트가 들어서 있다. 도로와 아파트를 지우고 1950년대 초를 상상하면 동천가 성동중학교 동쪽으로 우암선 철길이 지나가고 철길 너머 산비탈은 '돌산'으로 이어진다. 그 산비탈에 피란민들이 세운 판잣집을 배치하면 박고석의 〈범일동 풍경〉과 같은 그림을 얻을 수 있다.

박고석은 부산공고나 동천 아틀리에에서 '돌산' 방향을 보고 〈범일동 풍경〉을 그렸던 것으로 보인다. 우암선 근처는 당시 범일동이었으므로 '범일동' 풍경이었다. 6·25 전쟁 피란민들이 산비탈에 판잣집을 짓고 살아가는 풍경을 그림에 담은 것으로 보인다.

이중섭의 〈범일동 풍경〉은 범내골이 배경이고 박고석 〈범일동 풍경〉은 당시 부산공고, 지금의 성동중학교 동쪽 옛 우암선 철길 근처, 돌산 기슭이다. 그림 제목은 같아도 배경은 다른 곳이다.

> (박고석의) 〈범일동 풍경〉은 당시 피난지인 부산의 범일동 풍경을 강렬한 검은 윤곽선과 거친 터치, 어두운 중간톤의 색조 등의 표현주의적 양식으로 묘사함으로써 전쟁기 삶의 황망함과 고난을 표현한 작품이다.[14]

7장
52년 가을, 영도 대한도기 작업실

7장 52년 가을, 영도 대한도기 작업실

수출이 부진했던지 접시에 그리는 일이 뜸해졌을 무렵 황염수 화백의 친구인 이중섭 화백이 나의 방에 함께 있게 됐다. 당시엔 탁구대 같은 상을 놓고 작업을 했고 저녁이면 거기에 담요를 깔고 덮음으로써 침실을 겸했다. 따라서 이중섭과 나는 한때 잠자리를 함께했던 사이다.[1]

서양화가 김서봉(1924~2005)의 「나의 청춘시절」에 나오는 이야기이다. 김서봉은 1·4 후퇴 때 부산으로 피난 내려와 영도 대한도기 공장에서 일했다. '접시를 그리는 일이 뜸해졌을 무렵' 대한도기 김서봉의 방에 이중섭이 '함께 있게 됐다.'

'접시를 그리는 일이 뜸해졌을 무렵'은 언제일까? '화폐개혁 직전'이면 53년 2월 이전이다. 「나의 청춘시절」(〈매일경제〉, 1990년 7월 28일)에는 황염수, 이중섭, 김서봉이 같이 찍은 사진도 실려 있다. 사진 아래에 "부산 영도 도자기공장에서의 한때(51년). 〈오른쪽이 필자 가운데가 이중섭, 왼쪽은 황염수〉"라는 설명이 붙어 있다. 이 설명에 따르면 이중섭이 영도 대한도기 공장에 있었던 때는 51년이 된다. 하지만 이중섭은 51년에 제주도에 거주하였고 가끔 부산에 다니러 왔다. 김서봉의 「나의

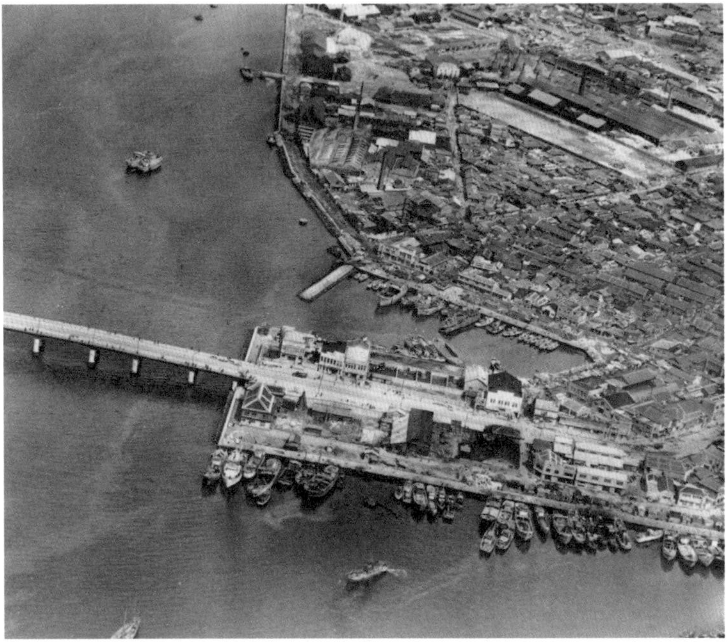

1950년 6월 28일의 영도대교와 대한도기주식회사 모습.
©부경근대사료연구소

청춘시절」을 보면 에피소드가 많아서 이중섭은 하루 이틀이 아닌, 좀 더 오래 대한도기에 있었던 것으로 보인다.

『이중섭 평전』의 최열은 "1952년 10월부터 12월 사이"[2]라고 이야기한다. 53년 2월 "화폐개혁 직전"이고 51년이 아니라면 52년일 가능성이 높다. 여기서는 최열의 "1952년 10월부터 12월 사이"를 따른다.

대한도기 김서봉의 방은 낮에는 작업실이고 밤에는 침실이었다. 이중섭은 김서봉과 함께 '탁구대 같은 상'에 '담요'를 깔고 덮음으로써 침실을 겸했다. '식사는 김서봉의 동생이 아침마다 먹을 것을 챙겨다 주어' 같이했다. 이중섭은 미안하게 생각했다고 한다.

이중섭이 대한도기 김서봉의 작업실에서 잠도 자고 아침도 같이 먹었다면 낮에는 같이 작업했을 것으로 보인다. 하지만 어떤 작업을 했는지는 알려져 있지 않다.

조선경질도기

대한도기의 전신은 일본경질도기가 1917년 설립한 조선경질도기이다. 경질도기를 사전에서 찾으면 "1,200도 정도의 고열로 구운 후 유약을 칠하고 다시 1,000도 정도의 열로 구워낸, 단단하고 굳은 성질을 가진 도기"[3]이다. '생활용 식기'를 공장에서 대량생산했다고 한다.

위치는 "현재 영도구 봉래동 112, 151번지 일대"[4]이다. 1부두 등 부산항이 한눈에 들어오는 자리이다. "부지는 25,000평, 공장 건평은 6,000평"[5]인 상당히 큰 규모였다. 도기를 만드는 공장을 영도 바닷가에 세운 것은 "원료의 수입과 제품의 수출이 용이하다는 해안의 지리적 이점 (…) 값싼 노동력"[6]을 얻을

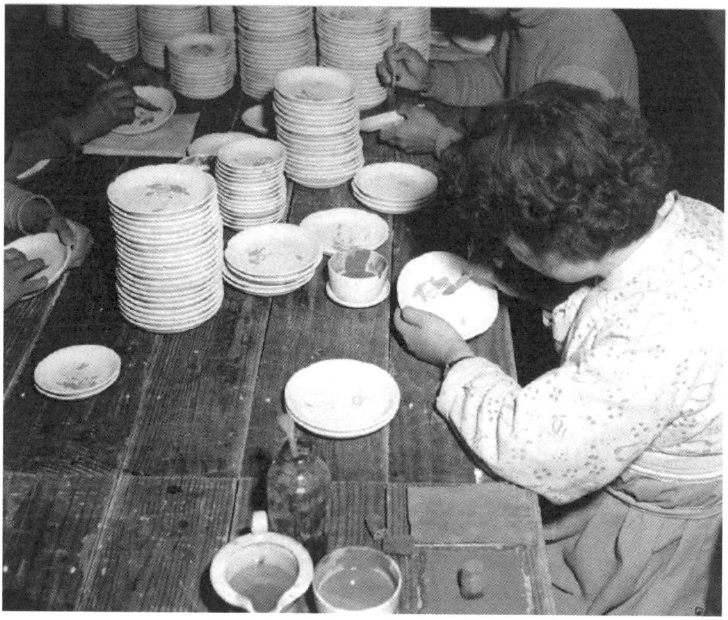

대한도자기주식회사 그릇제조 과정. 국가기록원 제공.

수 있다는 점이 고려됐다. 여기에서 대량생산한 '생활용 식기'를 동남아, 인도, 호주, 남북중아메리카, 만주, 중국 등으로 수출했다고 한다.

대한도기 걸개접시와 피란 화가들

해방 후 조선경질도기는 적산으로 불하되어 50년 11월 대한도기가 되었다. 이 무렵 대한도기는 '지름 30~40cm 내외 크기'의 접시에 그림을 그려 넣은 '도자 접시'를 만들었다.

> 대한도기의 핸드페인팅 도자는 백토에 안료로 그림을 그리고 구운 지름 30cm 이상의 대형접시와 항아리로 대별되는데, 현재 남아 있는 것은 대체로 대형접시류이다. 이는 그림접시로 널리 알려졌으며, 도자기 바닥인 뒷면에 두 개의 구멍을 뚫어 벽에 걸 수 있게 하여 걸개접시라고 불리기도 한다.[7]

> UN군이 참전하면서 많은 외국인들이 부산을 찾게 되자 가장 한국적인 선물로 핸드페인팅 도자접시가 각광을 받았다.[8]

핸드페인팅(hand painting)은 '손으로 그리다' 혹은 '손 그림'으로 풀이할 수 있다. 핸드페인팅 도자접시 또는 걸개접시는 "생활자기가 아니라 걸개그림의 역할을 하는 장식도자작품"[9]이었고 수출품이었다. 한국을 찾은 외국인들이 기념품으로 구입하였다. 접시 앞에는 산수화, 인물화, 풍속화 등 한국적인 정서를 담은 그림을 주로 그렸고 뒷면 굽에는 '두 개의 구멍을 뚫어 벽에 걸 수 있게' 하였다. 이런 걸개접시에 그림을 그려줄 화가가 필요하였고 부산에는 6·25 전쟁으로 피난 온 유명 화가들이 많았다. 이들의 생활은 어려웠다.

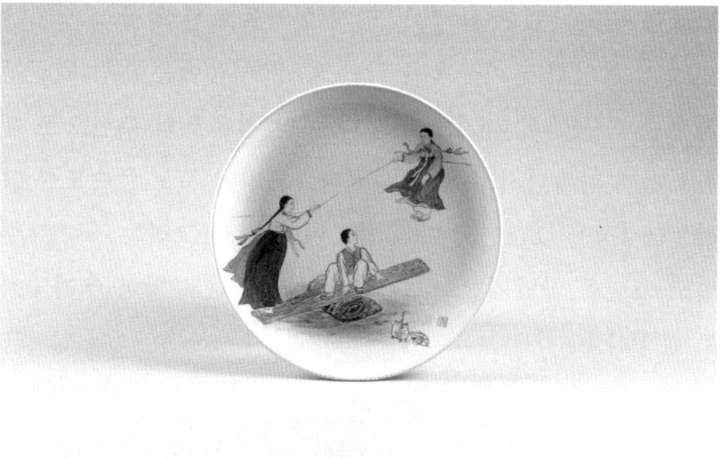

대한도기 널뛰기그림 접시. 부산박물관 소장.

> 당시 대한도기는 부산에 피란 와 있던 화가들을 고용해 초벌구이 제품에 그림을 그리게 했다. 당시 부산에 내려온 원로작가 김은호 변관식 장우성 김학수 이규옥 황염수 그리고 통영의 전혁림은 물론 당시 서울대에 재학 중이던 김세중 서세옥 박노수 등의 청년작가들에 이르기까지 거의 모든 화가가 생계를 잇기 위해 이곳에서 일했다.[10]

〈국제신문〉에 연재된 「정준모의 한국미술과 부산 〈12〉 유일한 생계수단 -도기에 꿈을 그리다」에 나오는 이야기이다. 대한도기에서 기거하며 걸개접시에 그림을 그리는 일은 피란민들이 넘쳐났던 부산에서 “당시 화가들로선 최상의 생활”[11]이었다. 동양화가 이규옥은 피난 와서 “처음에는 초량 뒷골목 하수관 속”[12]에서 자기도 했으나 이당 김은호의 주선으로 대한도기에 나가면서 수입이 생겼다. “도기에 주로 풍속도를 그렸는데 1장을 그리면 얼마씩 받았어요. 빨리 그리는 사람은 수입도 그만큼 많았지요. 나중에는 화가가 너무 많아 추려내기도 했”[13]다.

> 장운상 화백의 경우는 풍속화와 미인도가 장기여서 빠른 솜씨로 그려내기 때문에 화폐 개혁 직전이긴 하지만 화폐를 발로 눌러 챙길 정도로 수입이 좋았던 때이기도 했다.
> 나의 경우는 서양화를 전공하겠다는 학생 신분으로 풍속화를 선으로 처리하는 재주를 익히지 못해 대충 시늉만 했으므로, 또 돈을 버는 데 악착스럽지 못했던 탓으로 그저 용돈을 벌어 쓰는데 그쳤다.[14]

대한도기에서 일하는 화가들은 월급을 받는 것이 아니라 ‘1장을 그리면 얼마씩 받았’다. 장운상 화백은 ‘화폐를 발로 눌러 챙길 정도로 수입이 좋’았다. 서양화가 김서봉은 ‘그저 용돈을 벌어 쓰는데 그쳤다.’

이중섭과 걸개접시 그림

이중섭이 대한도기 작업실에 잠시 머물렀던 때는 1952년 가을이다. 대한도기 공장은 지금은 사라지고 없다. 현재 미광마린타워아파트(영도구 봉래동 112번지) 자리이다. 당시 25,000평이면 미광마린타워아파트와 근처 공장, 부산항 쪽 땅을 다 포함했던 것으로 보인다.

대한도기는 롯데백화점 광복점이나 지하철 1호선 남포역에서 영도다리를 건너 동쪽으로 바닷가를 따라 걸으면 1km쯤, 15분 거리에 있었다. 당시 전차 종점(대교사거리)이 대한도기 공장에서 300m쯤 되는 거리에 있었다. 남포동에서 전차를 탈 수도 있고 걸어서 갈 수도 있는 곳이다. 이중섭이 어떤 경로를 이용했는지는 알 수 없다.

오늘날 가보면 미광마린타워아파트 북쪽 길가 주차장 뒤에 10m쯤 되어 보이는 붉은 벽돌담이 생뚱맞게 서 있다. 영도구청에서 나온 팸플릿을 보면 대한도기 당시의 것이다. 팻말이나 안내문이 없어 대한도기 공장 흔적이라고 누가 말해주기 전에는 알기 힘들다.

친구 황염수 화백의 소개로 '최상의 생활'이라는 대한도기에 기거하게 된 이중섭은 걸개접시에 그림을 그렸을까?

그러나 이중섭이 대한도기에서 직접 도자기 그림을 그렸는

지에 관해서는 명확한 자료가 없어 단정하기 힘들다.[15]

그림을 그리지 않았다면 석 달 동안 대한도기에서 지낼 수 있었을까? 싶다. '명확한 자료가 없어 단정하기 힘들다.'는 것은 이중섭이 그린 걸개접시를 찾지 못해서 일 것이다. 화가들은 대한도기에서 도화 작업하는 것을 어떻게 생각했을까?

> 당시 대한도기에서의 도화작업은 전통적인 화업이 아니었고 다량 제작에 따른 모사가 수반되었으므로 도화에 자신의 실명을 밝히기를 꺼리는 경향이 있었다. 그 결과 대한도기에서 작업한 화가들 중 자신의 존재를 명확히 드러낸 인물은 변관식, 이규옥, 전혁림뿐이다.[16]

대한도기에서 작업한 화가들은 '실명을 밝히기를 꺼리는 경향이 있었다.' 이들은 자신을 드러내지 않고 별호를 사용하였다.

> 별호로 여겨지는 것은 하은, 봉옥, 초강, 장미, 추당 등이 있고 외자는 명(明), 옥, 봉, 달, 환 등이며, 지명으로 추정되는 부평도 있다.[17]

이런 별호를 누가 사용했는지는 모른다고 한다. 이현주는

'환'이 김환기를 가리키는 것 아닐까 하고 조심스럽게 추측한다. 이중섭이 대한도기에서 걸개접시에 풍속화와 같은 그림을 그렸는지는 확실하지 않다. 화가로서 자부심이 강했던 이중섭은 걸개접시에 그림을 그렸다고 해도 자신을 드러내길 꺼렸을 것으로 보인다.

업어 넘겼다

> 피난 시절이었지만 부산에서 열린 종군화가들의 전시회에선가 그가 그린 소품이 팔렸다. 그는 말하기를 「또 한 사람 넘겼다」고 함으로써 자신의 그림을 냉소적으로 또는 자신의 작업에 대한 충실히 못한 것을 아쉬워하는 듯한 심정을 역으로 표현했다.[18]

52년 가을, 영도 대한도기 작업실에서 지낼 때 이중섭은 '종군화가들의 전시회에선가' 소품을 팔고는 '또 한 사람 넘겼다'고 했다. '넘겼다' 또는 '업어 넘겼다'는 '속였다'의 뜻이다. 그림을 팔고는 그림을 산 사람을 속였다고 생각했다. '자신의 그림을 냉소적으로' 보았고 '작업에 대한 충실히 못한 것을 아쉬워'하였다.

화가 송혜수와 이중섭이 어울려 다녔던 부산 피난 시절,

그 어림 언젠가 광복동 근처 “어느 다방엔가 죽치고 있을 때” 양명문이 나타나 “중섭아 그림 살 사람이 나타났다.”고 하자 “중섭은 “하아 누가 내 그림을 산다고? 그 사람 또 속았다. 사기 당했다.”고 말하면서 통 반가운 기색을 보이지 않았”[19]다. 55년 봄 대구전시회 때도 같은 일이 있었다.

> 그는 현재의 자기 작품을 가짜라고 불렀다. 전람회장에서 어쩌다가 빨간 딱지가 붙을 양이면 『잘해, 잘해 또 한사람 업어 넘겼어…(속였다)』 하고 친구들에게 귓속말로 속삭이고 나서는 상대방에게 가서 아주 정중히 『이거 아직 공부가 다 안 된 것입니다. 앞으로 정말 좋은 작품 만들어 선생이 지금 가지고 가시는 것과 바꿔드리렵니다』[20]

이중섭은 ‘현재의 자기 작품을 가짜라고 불렀다.’ ‘공부’를 더해서 ‘정말 좋은 작품’을 만들고 싶어 했다. 현재의 자기 작품을 부정하는 이중섭의 심리 상태는 52년 부산 피난시절에서 55년 봄 대구 시절에 이르기까지 계속된 것으로 보인다.

자학과 죄책망상

술이 거나해지면 중섭은 좀 침울해지기도 했다. 그럴 때는 전에 좋아했던 시인 오장환이 점점 싫어진다는 얘기를 했다. 곡절인즉 오가 지나치게 정치적이고 이데올로기를 내세우는 것이 맘에 안 든다는 것이었다.

사람이 그렇게 변할 수가 있느냐는 것이다. 더욱 시를 쓰는 사람이 그럴 수는 없을 것이라고 했다. 얼굴에 내색은 하지 않는 중섭이지만 속으로의 비판은 냉엄하였다.

양같이 순하고 성자같이 순수하고 투명한 예술 지상주의였던 중섭의 눈에 비친 오의 존재가 그렇게 보인 것이 당연한 것이었다.[21]

시인 양명문의 이야기이다. 오장환(1918~1951)은 45년 5월, 이중섭의 결혼식에도 참석했고 이중섭이 '좋아했던 시인'이었다. 하지만 '점점' '오가 지나치게 정치적이고 이데올로기를 내세우는 것이 맘에 안 든다.'고 했다. 시인 양명문이 보기에 이중섭은 '순수하고 투명한 예술 지상주의자'였다.

이중섭이 54년 9월 하순 부인 이남덕에게 보낸 편지를 보면 "나는 한국이 낳은 정직한 화공이라오."[22]라는 구절이 나온다. 그 밖에도 이중섭은 자신을 "참 화공"[23]으로 자처하였다. 이중섭은 '예술 지상주의자'였고 자신의 예술에 참되고 진실하기를 원하였다.

이중섭의 부산 피난 시절은 곤궁했다. 그림 그릴 재료도 없었고 작업장도 없었다. 작업에 충실하지 못했고 '공부가 다

안 된' 그림, 스스로 만족하지 못하는 그림을 전시회에 냈고 그림이 팔리기도 했다. 이런 행위를 '순수하고 투명한 예술 지상주의자'이고 '정직한 화공'이 되고 싶었던 이중섭은 자기 그림을 사는 사람들을 속이는 것(업어 넘겼다)이라 생각했다.

55년 대구 시절 이중섭은 "당시 자신의 인생과 그림에 자학에 가까운 회의를 갖고 있었다. 즉 그는 자신이 현실 생활의 무능을 예술(그림)로써 위장 합리화하고 있다고"[24] 구상에게 털어놓았다. 원산 시절과 대구 시절을 함께했고 이중섭이 마음으로 의지했던 구상이 전하는 이야기이다. 이중섭은 자신이 '참 화공'이 되지 못한데다 '현실 생활'에도 무능하다고 생각한 것 같다.

『나는 세상을 속였어! 예술을 한답시고 공밥을 얻어먹고 놀고 다니며 후일 무엇이 될 것처럼』

『남들은 저렇게 세상과 자기를 위하여 바쁘게 봉사하는데 그림만 신주처럼 모시고 다니고 이게 뭐야』

『내가 동경에 그림 그리러 간다는 게 거짓말이야, 남덕이와 어린것들이 보고 싶어서 그랬지』[25]

이중섭은 구상에게 그림 그리러 동경에 간다고 한 것은 거짓말이고 사실은 가족을 보고 싶어서 그랬다고 변명한다. "자기 그림이나 예술에 대한 철두철미한 부정이었다."[26] 55년 1월 미도파 화랑의 「이중섭 작품전」과 4월 대구 「이중섭 작품전」도 일본에 갈 비용을 마련하기 위해서였는데 이것도 이중섭에게는 마음의 부담이 된 것 같다. 「이중섭 심리부검」을 쓴 손성은에 따르면 이중섭은 '죄책망상'에 빠졌다.

> 이중섭은 자신을 '정직한 화공'이라고 표현하곤 했고 자부심과 명백한 자기만의 예술적 기준이 있었다. 그러기에 자신이 여기에서 어긋났다고 생각했을 때 스스로를 자학하게 되었다. 예술 자체를 위한 예술이 아닌, 가족을 만나기 위해 그림을 팔아 돈을 마련하겠다는 생각으로 그림을 그린 것은 죄를 짓는 것이라는 스스로의 판단은 이중섭을 죄책망상으로 이끌었다.[27]

'죄책망상'을 국어사전에서는 찾을 수 없다. 따로 찾아보면 '죄책'은 잘못을 저질렀다고 자신을 책망하는 것이고 '망상'은 "이치에 맞지 아니한 망령된 생각"(표준국어대사전)이다. 피해망상의 뜻도 가지고 있다. 이중섭은 자신이 잘못했다고 자학을 하고 주변 사람들이 납득하지 못하는 이야기를 한 것 같다. 이러한 증상이 깊어지면서 55년 7월 대구 성가병원에 입원하게 된다.

“신세를 진 사람에게 보답하는 화가다운 표현”

> 나와 같은 방에 있는 동안 몇 폭의 작품을 했다. 그 무렵 그는 상대방이 물고 있는 파이프를 달라고 해서 거기에다 어린이들을 조각해서 선물하기도 했다. 신세를 진 사람에게 보답하는 화가다운 표현이었다.”[28]

52년 가을 김서봉과 함께 영도 대한도기에 있을 때, 이중섭은 파이프에 어린이들을 조각해서 신세 진 사람에게 선물했다. ‘어린이들’은 그의 그림에서 볼 수 있는 동자상인 것 같다. 53~54년 무렵에 그린 〈판잣집 화실〉에서 방바닥에 누워 있는 남자는 이중섭으로 보이는데 왼손을 들어 파이프 담배를 피우고 있다. 이중섭은 파이프 담배를 피웠던 것 같다. 6·25 전쟁 전 원산에 있을 때도 이중섭은 “배나무·사과나무로 특이한 모양의 파이프”를 만들어 친구들에게 나누어 주었다고 한다.[29]

> 이중섭 화백이 나간 뒤 신홍철(시나리스트) 씨는 담당 의사와 두 사람의 간호원에게 제각기 6호 크기의 그림 한 장과 은딱지 데상 두 장을 선물했던 사실을 뒤늦게 달려온 김영환 화백에게 알렸다.[30]

김영환의 형 김영일은 ‘사관학교 군악대’로 있다 교통사고

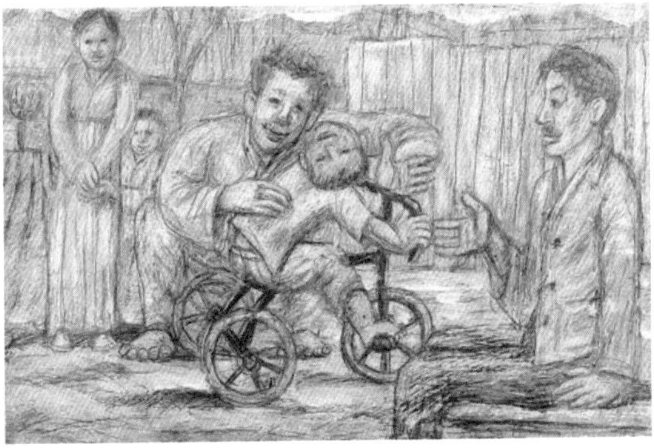

구상네 가족

로 다쳐 부산의 스웨덴 병원(서면 롯데백화점 부산본점 자리)에 입원하고 있었다. 이중섭은 파인애플 깡통을 들고 병문안을 갔고 깡통을 따서 환자에게 건넸다. 담당 의사와 간호사에게는 김영일을 잘 부탁한다며 자신이 그린 그림을 선물하였다. 53년 어림으로 보인다.

대구 시절 언제인가 이중섭은 시인 구상의 병문안을 간 적이 있다. 선물 살 돈이 없었던 이중섭은 대신 '천도복숭아' 그림을 구상에게 '내밀었다.' 그림에 마음을 담았다.

> 언제인가 그는 내가 대구에서 병상에 누워 있을 때도 도화지에다 큰 복숭아 속에 한 동자가 청개구리와 노니는 것을 그려 가지고 와서는 불쑥 내밀었다.

> 이것은 어쩌라는 것이냐고 내가 물었더니 그 순하디순한 표정과 말로 『그거 왜 있잖아? 어떤 병이든지 먹으면 낫는다는 천도복숭아 있잖아! 그걸 常(상)이 먹구 얼른 나으라고 이 말씀이지』 하고 계면쩍은 듯 또 히죽 웃었다.[31]

이중섭은 1946년 "조산아였던 맏아들을 돌도 안 돼서 잃고 말았다." 시인 구상은 같은 신문 기사에서 당시의 이야기를 전한다.

> 그 이튿날 아침, 이제 관에다 못을 치고는 떠메서 나갈 판인데 그는 관 뚜껑을 열고는 어린것 가슴에다 간밤 그린 그림을 실로 꿰서 달아매 주는 것이었다. 거기 그려진 것은 뛰고 자바지고 엎어지고 모로 눕고 엎치고 꾸부리고 젖히고 물구나무선 온갖 장난질 치는 어린이 모상이었다. 대향은 입속말로
> 『常(상)! 밤에 가만히 생각을 하니 이 어린것이 산소에 가서 묻히면 혼자서 쓸쓸해 할 것 같아서 동무나 해 주라구!』
> 하며 슬픔 속에서도 히죽 웃었다.[32]

돌도 안 돼서 잃은 첫째를 보내면서 어린이 그림을 같이 넣어주었다. 이중섭의 〈길 떠나는 가족〉은 "가족을 소 달구지에 태우고 자신은 황소를 끌고 따뜻한 남쪽 나라로 함께 가는

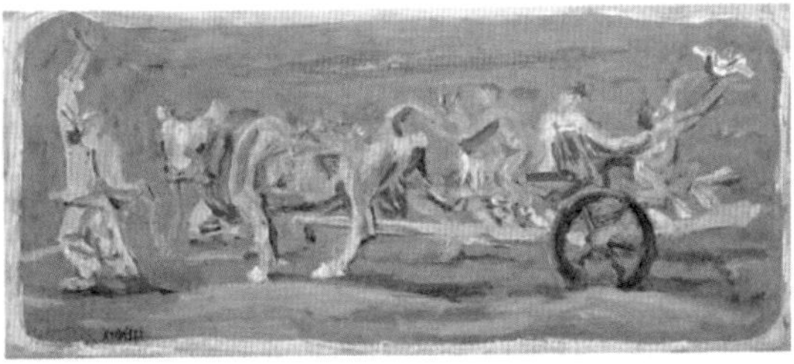

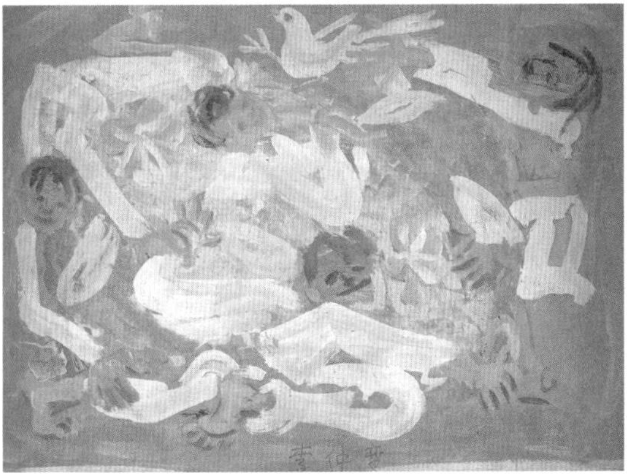

(위)길 떠나는 가족

(아래)가족과 비둘기. '비둘기'는 태어난 지 7개월 만에 죽은 맏아들을 상징하는 것으로 해석한다.

광경을 그렸다"[33]고 한다. 이 〈길 떠나는 가족〉에 네 명의 가족과 함께 '흰 새'가 나온다. '흰 새'를 「이중섭 심리부검」의 손성은은 돌도 안 돼서 잃은 '맏아들'의 상징으로 해석한다.[34] 이중섭은 돌도 안 돼서 잃은 '맏아들'을 잊지 않고 그림에 담았다.

8장

52년 겨울, 문현동 판잣집

8장 52년 겨울, 문현동 판잣집

이중섭의 '산꼭대기 하꼬방'

> 지금까지 나는 온갖 고생을 해왔소. 우동과 간장으로 하루에 한 끼 먹는 날과 요행 두 끼 먹는 날도 있는, 그런 생활이었소. 열흘 전쯤부터는 심한 기침으로 목이 쉬고 몸도 상당히 피곤한 상태요. 지난겨울에는 하루도 옷을 벗고 잘 수가 없었고 최상복 형이 갖다 준 개털 외투를 입은 채 매일 밤 새우잠이었소. 불을 땔 수 없는 사방 아홉 자의 냉방은 혼자 자는 사람에겐 더 차가워질 뿐 조금도 따뜻한 밤은 없었소. 게다가 산꼭대기에 지은 하꼬방이기 때문에 거센 바람은 말할 나위가 없소.[1]

이중섭이 53년 3월 초에 부인 이남덕에게 보낸 편지에 나오는 이야기이다. '지난겨울'이면 52년에서 53년으로 넘어가는 겨울이다. 지난겨울 이중섭은 '산꼭대기 하꼬방', '사방 아홉 자의 냉방'에서 보냈다.

하꼬방은 상자를 뜻하는 일본어 "はこ(하꼬)"와 한국어 "방"이 더해져서 만들어진 말이다. 상자같이 작은 집으로 해석

할 수 있다. '판잣집'과 같은 뜻으로 쓰인다. 사방 아홉 자는 대략 두 평이 조금 넘는 크기이다.

'산꼭대기 하꼬방'은 냉방이었고 이중섭은 개털 외투를 입은 채 매일 밤 새우잠이었다. '우동과 간장으로 하루에 한 끼', 운이 좋으면 두 끼를 먹었다. '조금도 따뜻한 밤은 없었'다. 부인 이남덕에게 호소하는 이중섭의 마음이 절절하다. 이런 이중섭에게서 부산 어딘가를 비집고 들어가 힘들게 살았던, 6·25 전쟁 피란민의 모습을 볼 수 있다. 이중섭의 '산꼭대기 하꼬방'은 어디에 있었을까?

박고석의 문현동 판잣집

> 한때 꿈 꿨던 건축가의 솜씨를 발휘해 미군 레이션 궤짝을 뜯어 부산 문현동에 여섯 평짜리 방 두 칸 판잣집을 손수 짓는다. 이중섭이 삼 개월간 이 집에서 기거하기도 했는데, 이때 이중섭이 그린 많은 스케치들이 불쏘시개의 비운을 당한다.[2]

「박고석 연보」 1952년에 나오는 이야기이다. 화가 박고석은 1952년, '부산 문현동에 여섯 평짜리 방 두 칸 판잣집'을 지었다. '미군 레이션 궤짝을 뜯어' 지은 피란민 판잣집이다. 그 문현동 판잣집에 이중섭이 '기거하기도 했'다. 박고석의 문현동 판잣집과 이중섭 편지의 '산꼭대기 하꼬방'은 같은 집으로 보인다. 이는 박고석 부인의 이야기에서도 확인할 수 있다.

> 이중섭 선생이 전쟁 때 부산 저희 집에 와 계셨어요. 추워도 땔감이 없어 불을 못 때는데, 박(고석) 선생이 '양심 있는 인간이면 중섭이 방에 연기라도 내보라우' 하며 버럭 화를 내요. 형편도 모르고 화부터 내는 남편이 미워 이 선생 먹다 버린 땅콩껍질, 가족에게 쓰다 구긴 편지, 은박지 그림들을 쓸어 모아 아궁이에 넣고 불을 지폈지요. 그림까지 태우는 건 아니었는데, 지금도 그게 늘 죄스러워요.[3]

이중섭이 박고석의 판잣집에 기거할 때는 추울 때였다. 박고석의 재촉에 부인은 이중섭이 '가족에게 쓰다 구긴 편지, 은박지 그림들을 쓸어 모아 아궁이에 넣고 불을 지폈'다. 이중섭이 52년 겨울 머물렀던, 문현동 판잣집의 위치는 어디일까?

> 그 가족은 공고 옆의 돌산 기슭에 권리금을 주고 6평짜리의 방 2개 판잣집을 지었던 것이다.[4]

시인 고은이 전하는 이야기이다. '그 가족'은 박고석 가족이다. '권리금'을 주었다고 한다. 남의 땅에 판잣집을 지을 권리만 얻었던 것으로 보인다.

'6평짜리의 방 2개 판잣집'과 「박고석 연보」의 '부산 문현동에 여섯 평짜리 방 두 칸 판잣집'은 같은 집으로 보인다. 두 평 방 두 개와 부엌 하나가 있었을 것 같다. '공고 옆 돌산 기슭'이라고 한다.

지도를 보면 황령산에서 산줄기 하나가 문현교차로 방향으로 갈라져 내려간다. 갈라지는 초입에 전포돌산공원이 있다. 공원 입구는 전포동이지만 산줄기의 대부분은 문현동이다. 확실하지는 않으나 그 산줄기를 돌산이라고 한 것 같다.

황령산에서 갈라져 나온 산줄기는 전포돌산공원과 성동초등학교, 문현여중 옆을 지나 문현삼성아파트와 한화꿈에그린아파트로 이어진다. 그 끝에 문현교차로가 있다. 문현삼성아파트 서쪽 아래로 지하철 2호선 문현역이 있고 길 건너편이 현재 성동중학교와 동천이다.

'공고 옆의 돌산 기슭'의 '공고'는 '부산공고'이고 그 자리에 현재는 성동중학교가 있다. 성동중학교에서 돌산 기슭이면 현재는 문현태영데시앙아파트, 문현삼성아파트와 문현여자중학교 근처 어디쯤이다. 이 근처에 박고석의 문현동 판잣집이 있었던 것으로 짐작할 수 있다.

지하철 2호선 문현역에서 보면 문현삼성힐타워아파트 등에 가려 산이 보이지 않으나 사잇길을 따라 안으로 들어가면 산언덕임을 알 수 있다. 1952년 부산공고(성동중학교)나 동천에서 지금의 고가도로와 아파트를 삭제하면 산언덕을 볼 수 있었다. 산 아래는 당시 범일동이었고 산마루 근처는 문현동이었다. 현재는 아파트와 단독주택이 혼재되어 있고 박고석 판잣집의 흔적을 찾기 힘들다. 대략 그 산기슭(산꼭대기) 근처에 "박고석의 문현동 판잣집"이 있었을 것으로 추정할 수 있다.

이중섭은 52년에서 53년으로 넘어가는 겨울을 성동중학교에서 멀지 않은 '돌산 기슭', 문현삼성아파트와 문현여자중학교 근처 어딘가에 있었던 박고석의 판잣집에서 보냈다. 바람이 거센 곳이어서 몹시 추웠다. 우동으로 하루 한 끼 때웠을 정도로 배도 고팠다.

동천 아틀리에와 문현동 판잣집

당시 동천가는 범일동이고 그 동쪽 산마루는 문현동이었다. 박고석은 성동중학교(부산공고)옆 동천 가에도 판잣집을 지었는데 여기는 '밥집 겸 다방'이었다. 동천 아틀리에로 불리기도 했다. 동천 판잣집은 말 그대로 동천에 지은 판잣집이므로 산꼭대기에 지은 문현동 판잣집과는 다른 곳이다. 이중섭은 52년 여름에는 동천 판잣집을 드나들었고 52년 겨울에는 삼개월간 '문현동 판잣집(산꼭대기 하꼬방)'에서 기거하였다.

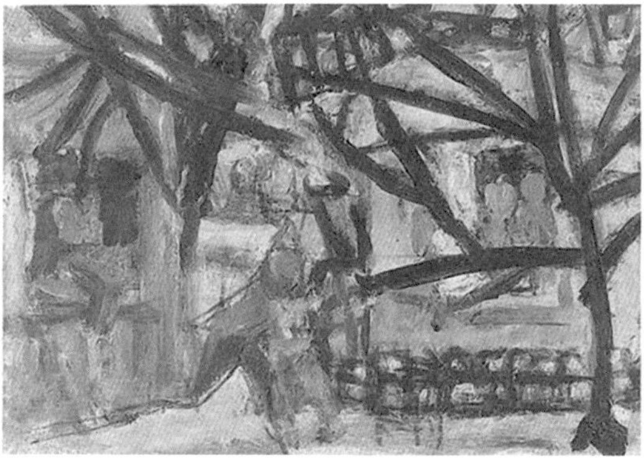

문현동 풍경

52년 겨울 역전 부둣가 다방

「일본으로 가는 배편이 없을까 해서 매일 이 다방에 나와 있는데 여의치 않아요. 꼭 가야겠다구요. 마누라 있는 데로 가야 하겠는데…… 일본 가는 배편을 알선해 주겠다고 약속한 사람은 여럿인데 모두 실행해 주지 않으니 답답하기만 하군요.」[5]

시인 김규동은 "1951년 이른 봄인가 1952년 겨울인가 확실치 않으나 나는 이중섭과 마주 앉아 긴 이야기를 나눈 일이 있었다." 이야기 중에 이중섭이 "마누라 있는 데로 가야"겠다는 것을 보면 52년 겨울이다. "밖에는 진눈깨비가 날리"고 "다방에 들어서는 사람들마다 어깨의 눈을 터느라고 부산스럽게 몸을 흔들어대었다. 스산한 오후의 한때였다."[6]

그즈음 이중섭은 일본 가는 배편을 찾아서 "부산 역전 근처 부둣가"를 헤매고 다녔다. 알선해주겠다는 사람은 있으나 배편을 얻지는 못했다. 52년 겨울이면 부산역은 중앙동, 지금의 무역회관, 교보빌딩 자리에 있었다. 지금의 부산역과는 다른 자리이다. 부산항 1부두 앞이다. (중앙동 부산역은 53년 11월 부산역전대화재로 불타서 사라졌다.)

김규동은 이중섭이 "시에 대해서 관심이 있는 편이라면" "'후반기 동인회'라는 신시 운동 모임"의 "멤버로서 모든 일을 상의하고 싶었"다. 김규동은 이중섭에게 "이 화백은 시를 어떻게 생각합니까. 우리가 쓰는 현대시 말입니다."라고 물었다. 이중섭은 "솔직히 말해서 시는 몰라요. 김기림이나 정지용의 시는 더러 읽었습니다. 한데 이상이나 후반기 동인들의 시는 잘 모르겠더군요."라고 하면서 이어서 말했다.

> 나는 지금 완전히 지쳐 있습니다. 살아갈 아무런 힘도 재주도 없어요. 피난 나와서 겪는 고생이야 이북 사람들은 누구나 다 겪은 고생이지만 전쟁이 언제 끝날지도 모르겠고 일자리도 없으니 먹고 살아갈 것도 문제지만 그림이라든가 시 같은 것 이전에 우선 살고파요. 그래서 무엇보다 일본 가서 아내를 만나보고 자식들을 한 번 만나 봤으면 하는 겁니다.[7]

52년에서 53년으로 넘어가는 겨울, 진눈깨비가 날리는 스산한 오후에 아내와 두 아들을 만나러 일본 가는 배편을 찾아 역전 부둣가를 헤매 다녔던 이중섭은 '완전히 지쳐 있었'고 우울했다. 정신건강의학과 전문의 손성은은 이중섭의 "살아갈 힘이 없다, 살고 싶다라는 말에서 깊은 우울과 죽음의 느낌이 난다."[8]고 하였다. 이 무렵의 이중섭을 보여주는 김춘수의 시가 있다.

내가 만난 이중섭

광복동에서 만난 이중섭은
머리에 바다를 이고 있었다.
동경에서 아내가 온다고
바다보다도 진한 빛깔 속으로
(…)
남포동 어느 찻집에서
이중섭을 보았다.
바다가 잘 보이는 창가에 앉아
진한 어둠이 깔린 바다를
그는 한뼘 한뼘 지우고 있었다.
동경에서 아내는 오지 않는다고,
부두 역전 근처 부둣가 다방[9]

시인 김춘수가 광복동이나 남포동 또는 '부두 역전 근처 부둣가 다방'에서 만난 이중섭은 동경에서 아내가 오기를 기다렸다. 이중섭은 자신이 일본으로 가는 것 말고도 부인 이남덕이 부산으로 돌아오는 것도 부산 피난 시절에 이미 선택지에 두고 있었던 것 같다.

이중섭이 55년 12월 중순에 보낸 편지가 부인 이남덕에게 보낸 마지막 편지라고 한다. 편지에는 "성베드루정신병원에서 앞으로 1주일이면 퇴원한다"고 알리면서 가족이 함께할 수 있는 방법을 찾고 있다.

> 건강한 모습으로 기다려줘요. 힘차게 살아주세요. 몸이 아프다보니 도쿄에 가는 것도 여의치 않게 되었어요. 도쿄에서 그대들이 오는 방법과 내가 가는 방법…… 서로 조사해서 완벽하고 빠른 길을 찾아보도록 합시다. 잘 조사해보고 다시 연락하리다. 그럼 건강하게. 답장 부탁드리오.[10]

'도쿄에서 그대들이 오는 방법과 내가 가는 방법'을 두고 부인 이남덕은 어떻게 생각했을까?

> 이때 남득은 사실상 한국 땅을 하직하는 마음이었으리라. 남득이 그 후 한국에 돌아올 수 있었는데도 오지 않았고 중섭이 일본으로 밀항하여 한국으로 나갈 것을 그렇게 빌어도 말을 듣지 않았다는 사실이 이를 뒷받침해 준다.
> 나의 아내(다이라 스미레) 역시 남득보다 1년여 앞서 아들들을 데리고 일본으로 건너갔으나 1년도 안 돼 다시 한국으로 나올 수 있었다. 남득에겐 한국이, 부산이 지긋지긋한 인상으로 남아 있었을 것이다. 그러나 중섭의 생애에서 남득만큼 중요했던 인간도 없었다.[11]

화가 한상돈은 이남덕이 고생을 너무 많이 했고 '한국이, 부산이 지긋지긋한 인상으로 남아 있'었다고 한다. 이남덕이 '한국에 돌아올 수 있었는데도 오지 않았'다고 보고 그 이유를 여기서 찾는다. 한상돈은 일본인 부인(다이라 스미레)을 통해 어떤 교감이 있었던 것 같다. 한상돈이 보기에 '중섭은 자기 생활을 지탱하지 못하는 사람'이었다. '이런 일들은 호인인 그의 인간성, 좋아하는 술, 소유욕으로부터의 해방된 그의 성격이 낳은 것이기도 했다.'

이중섭과 시

52년 겨울 즈음 "부산 역전 근처 부둣가"에서 만난 시인 김규동은 "시에 대해서 관심이 있는 편이라면" "'후반기 동인회'라는 신시 운동 모임"의 '멤버'로 들어올 것을 이중섭에게 권하였다. 김규동은 이중섭이 신시 운동 모임을 같이할 만하다고 생각한 것 같다. 이중섭은 "김기림이나 정지용의 시는 더러 읽었"다고 한다.[12]

> 그럴 때면 그는 보들레르라든가 발레리, 릴케, 베르렌느 등의 시를 암송으로 들려주곤 했죠. 그는 소설보다는 시를 아주 좋아했습니다.[13]

도쿄 연애 시절 이중섭은 시를 외워서 이남덕에게 들려주곤 했다. 이중섭과 이남덕의 결혼식에도 구상, 오장환, 양명문 등 시를 쓰는 친구들이 참석했다. 시인 김광림은 1947년 무렵 원산 광석동 이중섭의 집을 방문했을 때 "책꽂이에는 주로 화집과 시집이 있었는데, 일어판 프랑스 사화집 『빈랑수(檳榔樹)』를 여기에서 처음 보았다. 그는 시를 그림 못지않게 좋아했던 것 같다"[14]고 한다.

박재삼 옮김 『이중섭 편지와 그림들』에는 「소의 말」이라는 이중섭의 시가 나온다. "이 시는 1951년 봄 피난지이던 제주도 서귀포 이중섭의 방에 붙어 있던 것을 조카 이영진 씨가 암송하여 전한 것입니다."라는 설명이 붙어 있다.

높고 뚜렷하고
참된 숨결

나려나려 이제 여기에
고웁게 나려

두북 두북 쌓이고
철철 넘치소서

삶은 외롭고
서글프고 그리운 것

아름답도다 여기에
맑게 두 눈 열고

가슴 환히
헤치다[15]

이중섭은 일본 유학 시절과 원산과 부산 피난 시절, 시에 관심이 많았고 시를 쓰기도 하였다. 1953년 12월 이중섭은 통영 항남동 성림다방에서 40여 점의 작품으로 개인전을 열었다. 여기에 〈달과 까마귀〉가 있었다고 한다. 이 그림을 본 통영 출신의 시인 유치환은 「괴변 이중섭화 달과 까마귀」를 남기고 있다. 김춘수도 이중섭을 소재로 한 시를 여러 편 남기고 있다. 이중섭은 유치환과 김춘수에게 시적 상상력을 불러일으켰다.

> 중섭의 그림을 너무 문학적 요소가 짙으다고 평하는 편도 있으나 그의 미에 향한 시적 「이데아」가 순결하고 신비하리만큼 동정성을 지녔기 때문에 범접하여 시비될 것이 아니라고 나는 믿는다.[16]

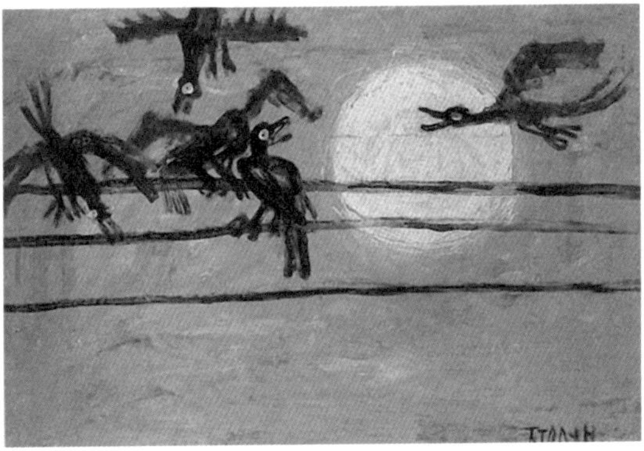

달과 까마귀

구상은 화가 이중섭이 미를 추구하는 바탕에 '시적「이데아」'가 있다고 보았다. 구상은 이중섭의 그림에서 '시'를 본 것 같다. 반면 "중섭의 그림을 어떤 이들은 너무나 그림에 이야기가 많다고, 또는 문학적 요소가 너무 짙다고 비평하는 사람이 없지 않다."[17]거나 "회화성을 상실하고 있다."[18]는 평도 있었다고 한다.

문현동

문현동에는 지하철 2호선 문현역과 지게골역이 있다. 지게골역의 '지게'는 "옛날식 가옥에서, 마루와 방 사이의 문이나 부엌의 바깥문"(표준국어대사전)이다. "등에 지고 물건을 얹어 운반하는 도구"인 지게와는 다른 뜻이다. 문현의 문은 우리가 흔히 말하는 '드나드는 문'이다. 그러므로 지게골의 지게와 문현의 문은 같은 뜻이다. 골은 골짜기이고 현(峴)은 고개를 뜻한다. 문현과 지게골은 '문' 같은 지형을 지나면 골짜기가 있고 그 뒤로 높은 고개가 있는 지형에 붙여진 이름으로 보인다.

문현동에는 황령산 줄기가 둘 흘러 내려온다. 하나는 전포돌산공원에서 성동초등학교 동쪽을 지나 문현삼성아파트와 한화꿈에그린아파트에서 문현교차로를 만난다. 다른 줄기는 갈미봉에서 대연고개를 건너 서쪽과 북쪽으로 방향을 틀어 문현곱창골목 근처에서 문현교차로를 만난다. 두 개의 산줄기가 문현동을 감싸 안고 있고 두 산줄기가 만나는 문현교차로는 문현동으로 들어가는 문과 같은 형상이다.

조선시대 사람들은 부산진에서 동천을 건너면 문과 같은 곳(문현교차로)을 지나 안으로 들어갔다. 안으로 들어가면 산으로 둘러싸인 오목한 곳이다. 거꾸로 문현동 안에서 부산진으로 갈려면 문(문현교차로)을 나와 동천을 건너갔다. 대연동으로 가려면 동쪽에 있는 문현고개를 넘어갔다. 문현(대연, 지게골)고개는 "옛날에는 송림이 우겨져 있었고, 상당히 높은 고개"[19]였다. 6·25 때 미군공병부대가 고개를 깎아 길을 냈다.

성동초등학교 동쪽에 있는 높은 고개를 문고개라 했고 여기서 문현이라는 이름이 나왔다는 이야기도 있다.[20] 어느 곳이나 지금은 길이 나고 고개도 깎여 높이가 낮아지면서 옛 모습을 찾기 쉽지 않다.

인구변화

1904년에 편찬된 『경상남도 동래군 가호안』에는 동래군 서하면 문현리에 21호가 살았다고 나온다. 호당 4~5명으로 계산하면 80~100명이다. 대략 100명 전후인 것으로 보인다.

> 일제강점기대까지만 하여도 인가는 적었고 찌께골 고개 밑의 좌우에 초가만 드문드문 있었다고 한다.[21]

일제강점기 때도 '인가'는 적었다. 정확한 인구 수는 알 수 없지만 1904년과 크게 다르지는 않은 것 같다. 문현동 인구가 크게 변화를 보이는 것은 1960년(총조사인구)이다. 이 조사에 따르면 1960년 문현1동 10,747명, 문현2동 11,936명, 문현동 235명으로 모두 합치면 22,918명이다. 당시 부산 인구는 116만 명이었다.

일제강점기와 1960년 사이에 큰 폭의 인구 변화가 생겼다. 인구가 갑작스럽게 늘어난 원인은 무엇일까? 신발이나 섬유,

합판 등 산업의 발전이 본격화되었던 것은 60년대이므로 얼핏 생각할 수 있는 것은 6·25 전쟁 피란민의 유입이다.

> 현재 지겟골마을에는 4대째 살고 있는 고 한문치 집안인 청주 한 씨가 3가구 있을 뿐, 전부 타지로 옮겨가고 다른 집성 씨족은 찾을 수가 없었다. 이곳에는 광복과 한국전쟁 후 타지에서 들어온 사람들이 주류를 이루고 있다.[22]

'지겟골마을'은 문현3동에 있는 마을이다. 2006년 현재 '광복과 한국전쟁 후 타지에서 들어온 사람들이 주류를 이루고 있다.' 연동마을, 농막마을, 웃농막마을 등도 "한국전쟁 이후 피란민이 정착하기 시작하면서 차츰 인구가 증가하여 주택가로 변하였다."[23]

한국전쟁 이후 피란민의 정착이 1960년 문현동 인구의 급격한 증가와 연결되어 있는 것으로 보인다. 문현교차로에서 장고개를 넘거나 동천을 따라 내려가면 적기 피란민 수용소였다. 적기 피란민 수용소의 피란민들이 문현동으로 넘어오는 것은 어렵지 않았다. 화가 박고석도 피란민으로 문현동 산꼭대기에 판잣집을 짓고 살았다. 이중섭은 적기 피란민 수용소에도 있었고 문현동 박고석의 판잣집에서 52년 겨울을 보냈다. 박고석과 이중섭처럼 잠시 머물다 떠나기도 하고 또 정착한 사람들도 많았을 것이다.

9장
부산의 다방과 이중섭

9장 부산의 다방과 이중섭

왜 다방이었을까?

> 정부를 따라 모든 기관이 부산에 집중되어 있다. 이것을 노려 우후죽순처럼 생겨난 것이 부산의 다방이다. 부산 거리 어느 골목에 다방 없는 골목이 없다. … 한잔의 茶代[찻값]만 지출할 수 있는 이면 모두 다 다방의 반가운 손님이 되려니와 어느 다방을 둘어보아도 각계각층 인사들이 오유월 뒷간에 구덕이처럼 법석대고 있다. … 동란의 혜택을 독으로 입고 있는 것이 부산의 다방이다. 집도 절도 없이 남으로 남으로 밀려온 친구들의 부산 다방은 그들의 객실이오 거래처이며 또는 그들의 숨구멍이 되는 것이다. 나 같은 위인도 거리에서 간혹 지인을 만나면 으래히 "요새 어느 다방 나가시오?" 하는 것이다.[1]

〈국제신보〉 53년 5월 27일 기사이다. 6·25 전쟁이 일어나고 부산이 임시수도가 되면서 정부기관이 부산으로 옮겨왔다. 또 많은 피란민들이 부산으로 밀려왔다. '부산 거리 어느 골목에 다방 없는 골목이 없'었다. "도시계획을 전공한 유진경 씨가 최초로 제작한 '1950년대 부산 중구 다방지도'를 보면, 그 시절 중구 남포동과 광복동 등지엔 73개의 다방이 있었다."[2]

6·25 전쟁으로 피란 온 문인과 화가, 음악가 등 예술가들도 다방으로 모여들었다. 밀다원파, 금강다방파 하는 식으로 다방에 진을 치기도 했다. 이중섭이 다방을 다닌 흔적도 여러 곳에서 찾을 수 있다. 왜 다방이었을까?

태백다방

> 어쩌다 그림이 팔리면 돈을 아낄 줄 모르고 친구와 어울려 술을 마셔댔다. 그때 월남화가들은 지금의 부산회관 앞에 있던 태백다방에서 자주 어울렸는데 중섭은 곧잘 빈대떡 접시와 막걸리 주전자를 들고 이 다방에까지 기어드는 것이었다. 그러면 화가들은 우르르 탁자에 둘러앉아 막걸리를 마셨다.[3]

'지금의 부산회관'의 '지금'은 1976년이다. 그 시절 '회관'은 불고기나 냉면 등을 파는 식당 이름이기도 했다. 1976년의 부산회관 자리 앞에 50년대 초에는 태백다방이 있었다. 태백다방은 월남화가들이 자주 어울리는 곳이었다. 원산 출신인 이중섭은 '곧잘 빈대떡 접시와 막걸리 주전자를 들고' 태백다방에 나타났다. 태백다방의 위치는 어디일까?

> 극장문화협회에서는 동회 기관지 『극장문화』의 발간기념회를 6월 21일 하오 7시 부산시내 광복동 로-타리 옆 다방 「태백」에서 갖게 되었다고[4]

〈부산일보〉 1954년 6월 21일 기사이다. '다방 「태백」'은 '광복동 로-타리 옆'에 있었다. 용두산공원 아래 광복로는 한때 부산의 중심이었다. 광복로 중간쯤 있었던 미화당백화점 자리에 2021년 현재는 ABC마트가 있다. ABC마트 앞에 조금 넓은 공간이 있고 지도에는 '창선삼거리'로 나오지만 예전에는 '광복동 로타리'라고 불렀다. 그러므로 태백다방을 2021년 현재 위치로 찾아보면 ABC마트 앞 창선삼거리 옆이다.

사진작가 허종배는 "부산에 있던 많은 화가나 예술가들 중 중섭의 진면목을 알만한 사람은 거의 없었고 또 그에 대해 진실로 따뜻한 애정을 갖고 있었던 사람은 더욱 없었"다고 하면서 곰보할머니 이야기를 꺼낸다.

> 내 기억으로는 부산에서 중섭을 정말 인간적으로 대해주었던 사람은 지금 죽고 없는 곰보할머니라고 말하고 싶다. 지금 부산회관 옆쪽 양장점 자리에 곰보할머니의 빈대떡집이 있었다. 돈 없는 중섭에게 공짜 술을 무던히도 주던 할머니였다.
> 중섭이 끄덕끄덕 주점에 들어서면 그 할머니는 『중섭아, 한

잔 먹고 어서 가래이』 하고 정이 뚝뚝 떨어지게 타이르기도 하고 중섭이 민지적거리며 구두를 벗고 올라 앉으려하면 『이 문둥아, 발꼬랑내 난다』고 냅다 고함을 지르기도 했다.[5]

'지금 부산회관 옆쪽 양장점 자리에 곰보할머니의 빈대떡집이 있었다.' 이를 보면 광복동 로터리 근처에 50년대 초에는 빈대떡집과 태백다방이 있었다. 부산 피난 시절 이중섭은 광복동 로터리에 있었던 곰보할머니의 빈대떡집에 자주 들렀다. 이중섭은 그림을 팔아 돈이 생기면 빈대떡과 막걸리를 들고 바로 옆 태백다방으로 갔다. 태백다방에는 비슷한 처지의 월남화가들이 모여 있었고 '화가들은 우르르 탁자에 둘러앉아 막걸리를 마셨다.' 돈이 없을 때라도 빈대떡집 '곰보할머니'는 이중섭에게 '공짜술을 무던히도' 주었다. 사진작가 허종배는 '중섭의 모습'도 남기고 있다.

내 눈에 비친 중섭의 모습은 한마디로 우울한 귀공자였다. 뭐 그렇다고 중섭이 얼굴을 찡그린다든가 침통한 표정을 짓는 것은 아니었다.
그는 언제나 얼굴이 온화했고 입가에는 엷은 웃음기를 갖고 다니고 있었다. 그런데도 그의 전신에서 느껴지는 것은 우수와 같은 것이었다.
꽁초와 텁수룩한 머리칼, 목긴 샤쓰와 허름한 잠바, 헤어진 작업복 바지, 군화 등등 그의 외관으로부터 시작하여 콧수염, 커다란 눈망울, 다물고 있는 큰 입, 먼데를 쳐다보는 그의 버릇에서 그의 내밀한 인간의 냄새가 풍겨왔다.[6]

금강다방

당시 모두들 어려움을 겪던 때였으나 특히 이중섭이 몹시 어려웠는데, 자기도 잡지사 일을 원한다며 내게 부탁해 왔다. 그 후 우리는 금강다방에서 삽화를 그리기 위한 테크닉을 함께 연습하였다. (…) 그리하여 《자유문학》과 전매청 기관지의 일거리를 이중섭에게 몇 번 나누어 주었다.
그런 일을 맡으면 우리는 금강다방에서 작업을 했다. 정히 집에서 할 만큼의 양도 아니었으며 하루 종일 다방에 우두커니 앉았느니 약간의 일이라도 하는 것이 좋았다.[7]

화가 백영수는 금강다방에 자주 드나들었다. 백영수와 이중섭은 언제인지 알 수 없으나 '거의 매일 금강다방에서 얼굴을 맞대었'다. 백영수는 이중섭과 함께 금강다방에서 잡지에 삽화 그리는 연습을 하고 또 실제 삽화 작업도 하였다.

지금은 사라지고 없는 금강다방의 위치는 부산광역시 중구 창선동 1가 5번지이다.[8] 광복동 로터리 근처이다. 구 미화당, 현 ABC마트에서 동주여고 방면으로 50m쯤 올라가는 곳이다. 태백다방과 곰보할머니의 빈대떡집과도 가까운 거리이다.

> 〈금강〉은 〈밀다원〉보다 면적도 훨씬 좁았을 뿐 아니라 다방다운 시설이나 장치라고는 전혀 없는 어느 시골 간이역 대합실과도 같은 집이었다. 그래서 그런지 그러한 금강의 그 딱딱한 나무걸상에 궁둥이를 붙이고 있노라면 대낮이라도 곧잘 뱃고동 소리가 들려오곤 하였다.[9]

소설 「밀다원 시대」(김동리)에서 묘사하는 금강다방의 모습이다. 화가 백영수는 '금강다방의 테이블이 나무였고 또 그것이 오래되어 오돌도돌했'다고 한다. 나무 테이블에 나무 걸상이 있었던 것 같다. "문총의 주축인 문인들"과 '화가들'이 금강다방에 많이 왔고 가끔 "태양다방의 음악인들이 금강으로 출장나오기도"[10]했다고 한다.

르네상스 다방

이중섭은 52년 12월 22일부터 28일까지 열린 제1회 기조전에 〈작품A〉, 〈작품B〉, 〈작품C〉 등 세 점을 출품했다. 1회 기조전이 열린 곳은 르네상스 다방이었다. 당시는 흔히 다방에서 미술전시회가 열렸다. 안내장 사진을 보면 '於루네싼스 茶房'이라고 나온다. 르네상스가 '루네싼스'로 표기되어 있다.[11] '루네쌍스'라고도 한다.

르네상스다방 자리는 대청로에서 광일초등학교 공영주차장으로 들어가는 좁은 길 입구 왼쪽으로 알려져 있다. 입구 왼편 첫 집의 주소는 '중구 대청로 89-2(대청동 3가 12-1)'이다. 길 건너편이 부산근대역사관이다. 이중섭이 53년 봄에 머물렀던 '대청동 1가 20'에서 걸어서 5분 거리이다. 부산 화가들의 모임인 토벽 동인회 전시도 르네상스다방에서 열렸다.

다방 밀다원과 김동리의 소설 「밀다원 시대」

〈부산일보〉에서 6·25 전쟁 중 '밀다원'을 검색하면 1950년, 51년에 6건의 기사를 찾을 수 있다. 50년 11월 25일 기사, "미술전람회 밀다원(密茶苑)에서 개최"[12]가 처음이다. 여섯 번째 기사는 "성관 허정두 씨는 오는 이십삼일부터 이십칠일까지 닷새 동안 시내 광복동 밀다원에서 동양화 개인전을 가지게 되었다고"[13] 하는 51년 9월 20일 기사이다. 이 기사를 끝으로 더 이상의 기사를 찾지 못했다. 이 기사를 근거로 하면 다방 밀다원은 50년 11월 25일~51년 9월 20일에는 실제로 있었다.

'밀(密)'은 '빽빽하다', '깊다'의 뜻을 가지고 있다. 밀림이나 비밀 같은 단어를 떠올릴 수 있다. 원(苑)은 '나라 동산 원'의 뜻이다. '후원(後苑)'이라고 하면 궁궐 안에 있는 동산, 언덕이고 '비원'은 "조선 왕조의 별궁인 창덕궁의 후원을 이르는 말"(고려대한국어대사전)이다. 밀다원을 글자 그대로 해석하면 '차를 마시는 비밀스러운 후원'이다. 궁궐 정원에 쓰는 '원(苑)'을 가져와 격을 높였다. 소설 「밀다원 시대」에서는 밀(密)이 밀(蜜 꿀, 벌꿀)로 바뀐다. 원(園)은 그냥 동산이다. "밀다원(蜜茶園)은 이름 그대로 꿀벌들이 모여드는 다방이란 뜻을 가지고 있다."[14]

밀다원의 위치는 광복로 63(광복동 2가 38-2)로 알려져 있다. 창선삼거리와 용두산공원 에스컬레이터 중간쯤이다. 골목으로 들어가는 모퉁이다. 바로 옆 광복로 66-2(광복동 2가 38-3)이라는 주장도 있다.[15]

화가 박고석은 이중섭을 처음 만났던 곳이 밀다원이라고 했다. 한상돈도 피란민 수용소를 나온 후 밀다원에서 이중섭을 만난 적이 있었다. 밀다원에서 미술전람회가 열렸고 박고석, 한상돈, 이중섭 등 화가들도 밀다원에 드나들었다.

다방 밀다원이 유명해진 것은 김동리의 소설 「밀다원 시대」의 배경이 되었기 때문이다. 소설 「밀다원 시대」의 이중구는 6·25 전쟁 중 1·4 후퇴 때, 마지막 열차로 서울을 탈출하여 부산에 들어온 피란민이다. 피란민 이중구에게 부산은 "한 번도 와 본 적이 없는 낯선 곳이며, 찾아가 의지할 만한 곳이 전혀 없는 철저한 타향"[16]이다. 기차가 부산진으로 들어서면서 이중구는 "끝의 끝, 막다른 끝, 거기서는 한 걸음도 더 나갈 수 없는, 한 걸음만 더 내디디면 〈허무의 공간〉으로 떨어지고 마는, 그러한 최후의 점 같은"[17] 곳, '땅끝'으로 부산을 받아들인다. 하지만 같은 부산이라도 광복동 밀다원은 달랐다.

> 다방에서 나는 사람들의 말소리가 왕왕거리는 꿀벌 떼 소리 같이 그의 고막을 울렸다. 중구는 가슴이 두근거렸다. 그는 한순간 발을 멈춘 채, 무엇이 그를 이렇게 즐겁게 하고 흥분시키는 것인가를 생각해 보았다.[18]

밀다원을 들어서면서 이중구는 '사람들의 말소리가 왕왕거리는 꿀벌 떼 소리'를 들었다. 가슴이 두근거리고 즐거워지고 흥분하였다. 그 이유를 송명희는 다음과 같이 설명한다.

> 무엇이 과연 그를 즐겁고 흥분된 기분을 느끼게 했을까? 우선 '밀다원'에는 같은 처지의 잘 아는 문화예술인들이 모여 있기 때문이다. 그들은 그곳에서 같은 피란민 처지를 공유한다. 동병상련의 아픔을 나눌 수도 있다. 누구에게나 "앞뒤에 죽음과 이별을 두고 좌우에 유랑과 기한(飢寒)을 이끄"는 사연들이 있다는 것이 서로에게 위안이 되는 것이다.[19]

밀다원은 같은 피란민 처지를 공유한 문화예술인들이 동병상련의 아픔을 나눌 수 있는 곳이다. 이는 '편하기 그만'이고 '깨끗한 침구'와 정갈한 음식으로 이중구를 환대한 범일동 오정수의 집을 '탈출하듯 달아나 온' 것과는 대조를 이룬다. 오정수는 '피란민인 그와 다른 처지의, 부산의 원주민이기 때문'이다.

> 「밀다원 시대」는 철저히 서울에서 피난 온 문인의 관점에서 쓴 소설이다. 그들에게 부산이란 낯선 공간이 결코 친밀한 장소가 아니라 적대적이고 위협적인 공간이었으며, 다만 그들에게 유일하게 위안과 친밀감을 주었던 장소를 서울에서 온 문화예술인의 아지트였던 '밀다원'으로 기억하고 있다는 것을 이 소설은 보여준다.[20]

이중구에게 부산은 '적대적이고 위협적인 공간이었'지만 '같은 피란민 처지를 공유한', '잘 아는 문화예술인들이 모여 있'는 밀다원은 '위안과 친밀감'을 주는 장소였다. 밀다원에 가면 이중구는 가슴이 두근거리고 즐거워지고 흥분하였다. 화가 백영수의 경우는 금강다방이었다.

한편 모든 사람들의 주머니 사정이 비슷하고 잠자리 불편도 비슷하고 먹는 음식, 입는 옷, 수입도 엇비슷하다 보니 싸울 일도 남을 헐뜯을 일도 없었는데, 그러면서도 늘 전장의 움직임을 살피며 불안과 초조를 느끼고 있었다. 그래서 더욱 금강다방으로 모여들었고, 그곳엔 언제나 아는 얼굴들로 가득하였다.

만나면 뼈대 있는 얘기, 싱거운 얘기들을 섞어 가며 서로를 위안하고 서로의 마음을 훈훈히 녹여 주곤 하였다. 그곳에서 우리는 공연히 더 떠들썩하니 과장하여 웃었고 조그마한 일에도 관심을 보였으며 서서히 어떠한 문화적인 움직임도 만들어 나가고 있었다.[21]

화가 백영수는 '전장의 움직임을 살피며 불안하고 초조' 했지만 금강다방에 나가면 아는 얼굴들을 만날 수 있고 위로를 받을 수 있었다. 문화적인 움직임도 만들어 나가고 있었다. 전쟁을 피해 부산에 온 백영수가 금강다방에 나가는 이유였다. 6·25 전쟁 시기 부산에 다방이 번창한 배경을 짐작할 수 있다.

평양 근처에서 성장했고 원산에서 피란 온 이중섭이 광복동과 남포동 다방을 배회한 것도 같은 맥락에서 이해할 수 있다. 월남화가들이 주로 모이는 곳이 태백다방이었고 이중섭은 '곧잘 빈대떡 접시와 막걸리 주전자를 들고 이 다방에까지 기어드는 것이었다.' 또 광복동, 남포동 다방에서는 미술전람회

가 열렸다. 이중섭은 52년 2월 녹원다방에서 열린 백영수 개인전에 방명록을 남겼다.[22]

은지화는 '부산 다방가에서 탄생했다'

> 하루는 무엇인가 돌돌 만 것을 들고 이중섭이 금강에 들어섰다. 테이블 앞에 오더니 그것을 풀어내는데 장판지를 길게 반으로 잘라 그곳에 연작으로 그림을 그린 것이었다. 이미 장판지 몇 군데는 갈라져 있어 보는 이의 마음을 아프게 하였다. 이중섭이 길다란 그림을 테이블 위에 펴니, 여러 사람들이 모여 이 그림을 보았고 거기에 수화 김환기도 있었다. 그림을 본 수화가 "자네 왜 좋은 그림을 장판지에 그렸나? 캔버스에 하지! 그거 꺾이잖아?"라고 얘기하곤, 저쪽에 모여 있는 또 다른 친구들을 보려고 돌아서 갔다. 조금 후 중섭이 그림을 다시 돌돌 말며 "누가 캔버스에 그릴 줄 모르냐? 그래도 그림을 좀 아는 모양이야!" 하며 쓸쓸한 얼굴로 혼잣말처럼 중얼거렸다.[23]

장판지는 "방바닥을 바르는 데 쓰는 마감용 종이"[24]다. 이중섭은 장판지에 그림을 그렸다. 몇 군데 갈라져 있었다면 방바닥에 깔았던 것을 재활용한 것 같다. 부산 피난 시절 이중섭을 비롯한 화가들은 캔버스나 물감 등 그림 재료가 부족했다. 그림은 그리고 싶고 재료는 없었던 이중섭은 담뱃갑 안에 든 은종이를 구해 그림을 그렸다. 이를 은지화라고 한다.

> 은지화는 담뱃갑 속에 든 은종이에 그린 그림이에요. 은종이를 펴서 송곳이나 나무 펜으로 종이가 찢어지지 않을 정도로 눌러 윤곽선을 그린 후, 검정색이나 흑갈색의 물감이나 먹물을 솜, 헝겊으로 문질러 선을 도드라지게 보이도록 그렸어요. 그런데 담뱃갑 속에 들어 있는 은종이다 보니 뜯겨지고 구겨진 상태로 구해질 때가 많았겠지요. 놀랍게도 이중섭은 이 구겨진 자국이 작품 속에 자연스럽게 녹아들게 그림을 그렸어요.[25]

담뱃갑 안에 들어 있는 은종이 또는 은박지를 줄여서 '은지'라고 한 것 같다. 이중섭은 부산 여러 곳에서 은지화를 그렸다.

> 당시 그는 물감을 구하는 데에도 어려움이 있어서인지 양담배 속의 은박지에 뾰족한 송곳이나 못 같은 것으로 선묘를 많이 했다. 나도 물론 그 재료 제공자의 한사람이었다.[26]

김서봉의 이야기는 52년 가을, 영도 대한도기가 배경이다.

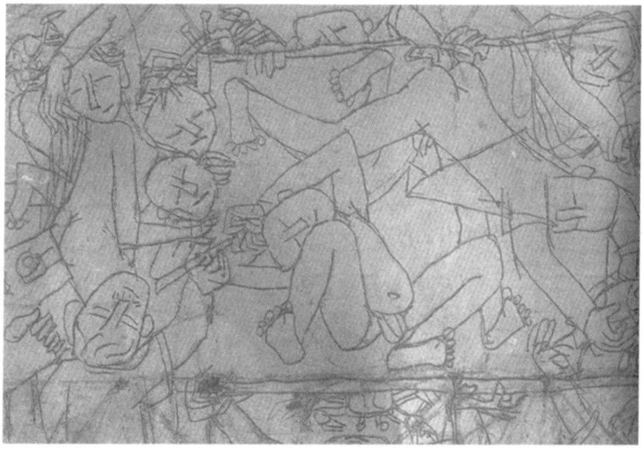

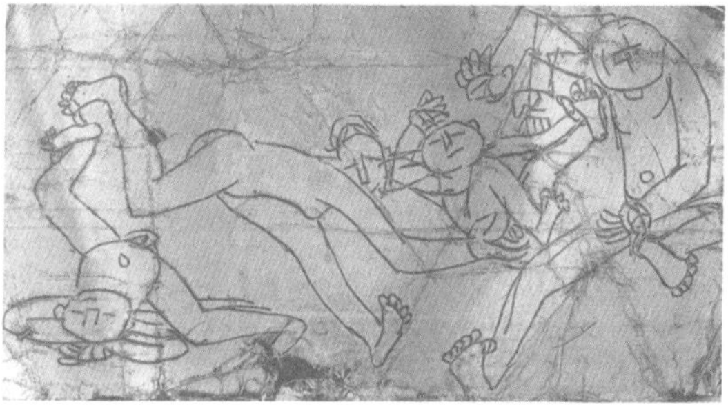

(위)은지화
(아래)은지화

40계단 근처에서 중구 토박이 이영근에게 은박지를 구해서 그림을 그린 것은 53년 봄인 것 같다. 백영수와 함께 광복동 금강다방에서 은지화를 그린 때는 52~53년쯤으로 부산 피난 시절이다.

> 시간은 남고 지루하기도 하고 일거리가 없을 때면 이중섭과 함께 손장난을 했다. 이중섭은 다 피운 담뱃갑 속의 은박지를 싹싹 펴서 연필로 간단한 컷을 그려 보곤 하였다. 금강다방의 테이블이 나무였고 또 그것이 오래되어 오돌도돌했으므로 연필을 움직일 때마다 여간 재미있는 것이 아니었다. 간간이 깊은 테이블 홈에 종이가 약간 찢어지기도 하고 깊이 박혀 버리기도 하고 때로는 연필이 생각한 곳보다 빗나가기도 하여 그 놀이를 할 때마다 묘한 스릴을 느끼곤 하였다. 그렇게 그려 낸 것을 구겨서 버리고 또 그리고 하였는데 우리의 놀이를 지켜보던 문인들도 다 피운 담뱃갑의 은종이를 모아서 주기도 하였다.[27]

부인 이남덕은 53년 7월 이중섭이 잠깐 일본에 왔을 때 처음으로 은지화를 보았다고 한다. 동경, 원산, 제주도, 부산 범내골에 살 때는 본 적이 없었다고 한다.

- 은박지 그림을 많이 남겼는데 동경 시절부터 그렸었나요?

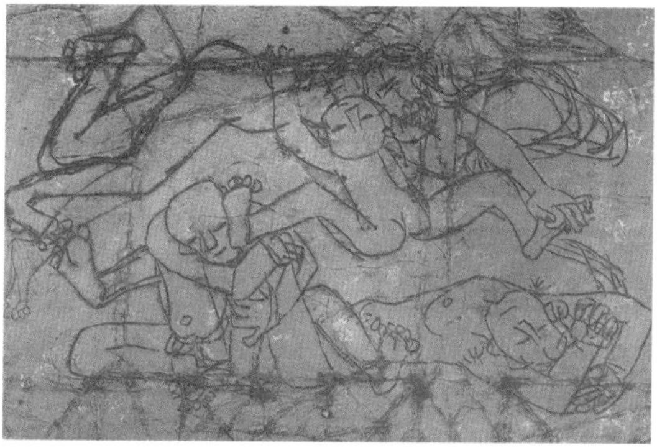

은지화

> 아닙니다. 동경 시절엔 그런 기억이 없습니다. 제가 일본으로 돌아온 후 53년인가…, 그이가 일주일간 일본으로 왔을 때 처음 은지화를 저에게 보여주더군요. 그때 그는 이것은 어디까지나 에스키스에 불과한 것이며 이것을 토대로 해서 형편이 피면 그때 대작으로 완성시키겠다고 했었죠. 그러니까 절대로 남에게 보여주면 안 된다면서 저에게 맡겼던 것입니다.[28]

이남덕이 52년 6월 일본으로 떠나고 이중섭은 거리를 떠돌면서, 다방에 죽치고 있으면서 은지화를 그렸다. 『이중섭 평전』의 최열은 은지화의 탄생지를 부산 피난 시절 다방가라고 한다.

은지화의 기원은 1952년 7월 직후 피난지 부산 다방가에서 탄생했다는 사실을 가장 유력한 설로 두고 그 밖에 도쿄 유학 시절설, 제주도설 또한 염두에 두는 게 지금으로서는 합당하다.[29]

10장

53년 봄, 대청동 1가 20

10장 53년 봄, 대청동 1가 20

대청동 1가 20

이중섭은 "53년 3월 중순 김환기, 백영수 일행과 더불어 진해로 떠났다. 이중섭은 진해에 머물면서 마산이며 통영에도 들렀다가 4월 하순 부산으로 귀환했다."[1]

> 배 도착이 조금 늦어지는 듯 (…) 아직 부산항에 들어오지 않았어요. 내일(21일) 해운회사에 가서 확인할게요.[2]

> 마 씨는 아직 부산항에 입항하지 않았어요. 마 씨가 부산항에 들어오는 대로 경찰이 해운회사 쪽에 알리기로 해두었으니 마음 놓아요.[3]

이중섭이 이남덕에게 보낸 53년 4월 20일과 22일 자 편지 내용이다. '마 씨'는 마영일이고 '해운회사'는 해운공사이다. 당시 해운공사는 부산항 1부두 근처에 있었다. 이중섭은 마영일을 찾아 부산항과 해운공사에 갔다. 53년 4월 하순, 이중섭이 부산에 있었음을 짐작할 수 있다.

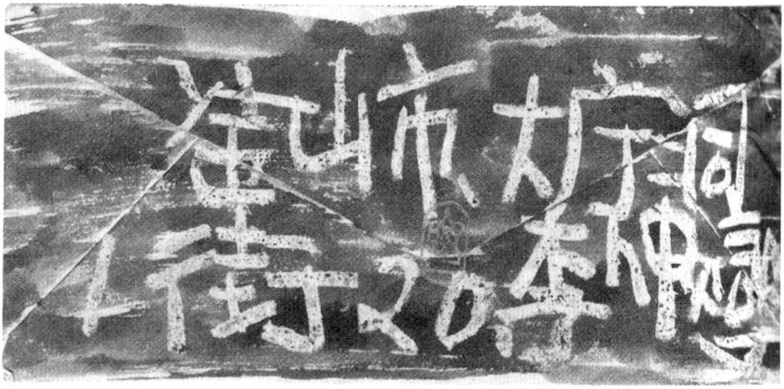

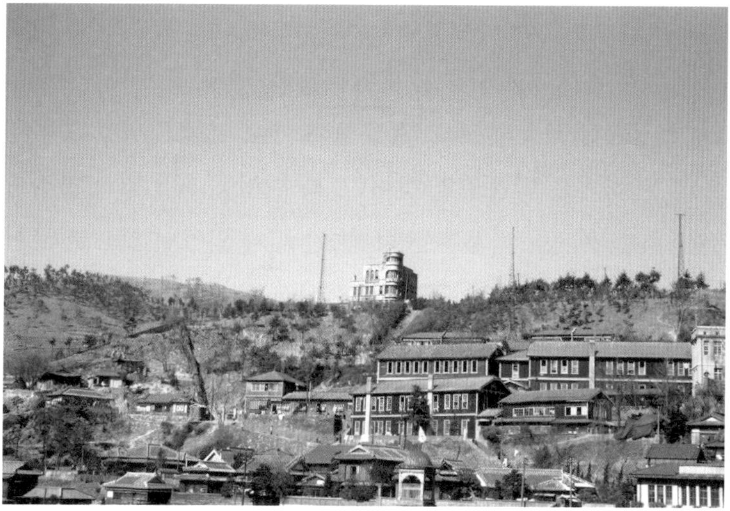

(위)이중섭 대청동 주소 편지봉투. ©부경근대사료연구소

(아래)1952년 용두산에서 바라본 복병산의 기상청. 아래 가운데 종탑처럼 보이는 구조물 바로 뒤가 대청동 1가 20. ©부경근대사료연구소

한 달 뒤인 5월 23일 이중섭은 통영에 있는 유강렬에게 편지를 보냈다. 편지 봉투에 나와 있는 주소는 다음과 같다.

"釜山市 大廳洞 1가 20 金處珣氏方 李仲燮"
"부산시 대청동 1가 20 김처순씨방 이중섭"[4]

'대청동 1가 20 김처순씨방'이면 집 주인은 '김처순 씨'로 보인다. 최열은 "이 집에는 시인 박용주가 제 집처럼 사용하고 있었으며, 또한 홍익대 동문인 문우식과 김충선이 아예 머물고 있었는데 여기에 이중섭이 합류한 것"[5]이라고 한다. '박용주가 제 집처럼 사용'했고 그 동문들이 아예 머물고 있었다면 세를 얻은 사람은 박용주일 것이다. 즉 대청동 1가 20의 집주인은 김처순 씨이고 박용주는 방 한 칸을 세 얻었던 것으로 보인다. 3~4월 진해, 마산, 통영을 여행하고 돌아온 이중섭은 문현동 박고석의 집으로 가지 않고 대청동 '박용주의 방'에 '합류'하였다.

> 밤에는 박위주 군하고 김영환 형 셋이서 잔다오. 대작을 그릴 준비를 하며 온갖 기억들을 소재로 소품을 많이 그렸어요. 세타가야에서 보여줄게요.[6]

일본으로 건너가기 얼마 전인 53년 7월 초에 이중섭이 이남덕에게 보낸 편지이다. 박위주는 시인 박용주의 다른 이름이다. ‘대청동 1가 20 김처순씨 집’ 박용주의 방으로 보인다. 53년 7월에도 이중섭은 ‘대청동 1가 20’에 머물렀다. 5월부터 7월까지 석 달쯤이다.

오늘날(2020년) 지도에서 ‘대청동 1가 20’을 검색하면 ‘대청동 1가 20-1’의 주소에 ‘대청포레’라는 빌라가 나온다. 주변이 20-3, 20-4로 나온다. 20-4는 주택이다. 53년 당시의 집이 쪼개지고 철거되면서 주택과 빌라가 들어선 것으로 보인다.

대청로 부산근대역사관 건너편에서 복병산 방향으로 4~5분 정도 골목을 따라 올라가야 한다. 직선거리로는 100m 남짓

대청동 1가 20

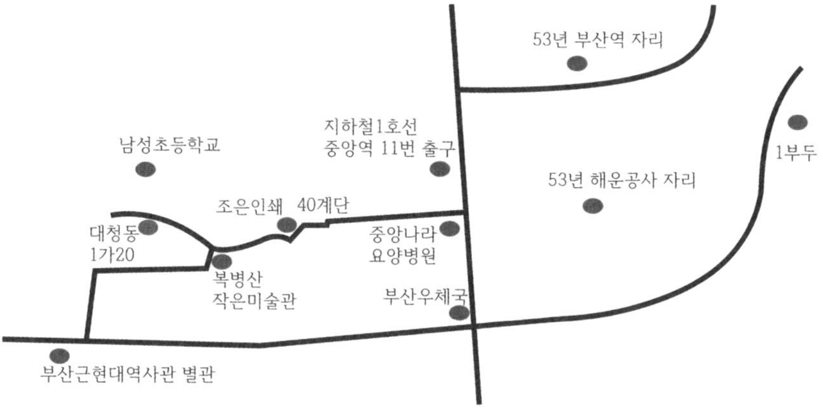

* 1953년 봄 이중섭은 대청동 1가 20에 머물면서
40계단, 부산항 1부두와 해운공사 주변을 서성거렸다.

이다. 남성초등학교 축담 아래이다. 여기서 남쪽으로 걸어서 10분이면 국제시장과 광복동, 남포동으로 갈 수 있다. 동쪽으로 내려가면 40계단과 부산항 1부두로 갈 수 있다.

40계단

> 은박지 그림으로 유명한 이중섭 씨 이야긴데요. 피난 시절에 돈 한 푼도 없을 땐데 이중섭 씨가 가끔 40계단 근처에 왔었어요. 그런데 이중섭 씨가 중구에 살려고 온 게 아니고… 일본에 가족이 있지 않습니까? 그래서 일본을 갈려고 하면 그 [부산] 부두에 와야 할 거 아닙니까? 그런데 돈이 한 푼 있습니까, 뭐가 있습니까? 동사무소[지금의 동광동 주민자치센터] 옆에 있는데, 그가[거기가] 40계단 옆이잖아요. 내가 담배를 피우고 있으면 '은박지 없어요?' 그래서 은박지도 줘 가면서 이야기도 시켜 가면서 (은박지에) 그림을 그리는 거를 보고 그랬지요. 그런데 은박지 그림이 지금은 대단하지요. 그때 내가 스무 남 살 가까이 됐나 그랬습니다.[7]

대청동 1가 20 대청포레에서 골목을 따라 2~3분 걸어 내려가면 40계단이다. 이중섭은 40계단 근처인 지금의 동광동 주민자치센터 옆에서 담배를 피우고 있는 이영근에게 은박지

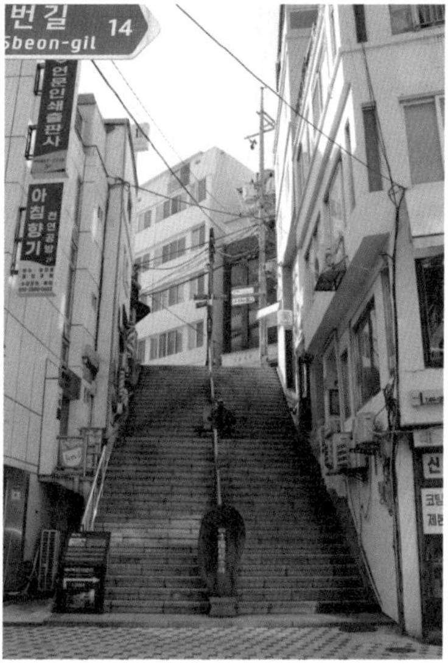

이중섭이 서성거렸을
40계단의 현재 모습

를 얻어 그림을 그렸다. 1931년생인 부산 중구 토박이 이영근은 '스무 남 살' 때 이중섭이 '돈 한 푼도' 없고 가족을 만나기 위해 일본으로 가려고 하는 사정을 알고 있었다. 이를 보면 이중섭은 40계단 근처에 자주 간 듯하다. 서성이면서 은박지를 얻어 그림을 그렸을 것이다. 중구 토박이 이영근은 40계단 근처에서 이중섭을 만났던 때가 언제라고 정확하게 말하지는 않았지만 '스무 남 살' 때면 대청동 1가 20에 거주했을 때인 53년 어림으로 추정할 수 있다.

40계단에서 옛 부산역(중앙동) 자리인 무역회관과 교보생명 건물까지는 걸어서 5분 거리이다. 바로 앞이 부산항 1부두이다. 대청동 1가 20에서 40계단을 거쳐 부산역과 부둣가로 걸어 내려가는 데는 10분 정도이다.

진해, 마산, 통영을 여행하고 돌아온 이후인 53년 5월에서 7월에 이르는 시기에 이중섭은 복병산 자락인 대청동 1가 20 박용주의 방에 머물렀다. 대청동에 간 것은 터를 잡고 살려는 것이 아니었다. 일본에 가는 배를 탈 수 있는 부두가 가깝기 때문이다. 40계단 주변을 서성이거나 부산항 부둣가를 돌아다니며 일본 가는 배편을 알아보았다. 또는 마영일을 찾아 해운공사를 드나들었다. 가족이 있는 일본으로 가려는 이중섭의 의지를 읽을 수 있다. 하지만 정작 7월 말 일본으로 갈 때는 통영에서 출발하였다.

해운공사

〈경향신문〉 1953년 11월 29일 자를 보면 해운공사 근처의 약도[8]가 나온다. 해운공사는 53년 당시 중앙동 옛 부산역(지금의 무역회관과 교보생명 건물)에서 영도 방향으로 길 건너편에 있었다. 부산항 1부두 근처이다.

배 도착이 조금 늦어지는 듯…… 아직 부산항에 들어오지 않았어요. 내일(21일) 해운회사에 가서 확인할게요. 22일에 마 씨 건에 대해 다시 상세히 적어 보낼게요.[9]

53년 4월 20일 자 편지이다. '해운회사'는 해운공사를 의미한다. 이중섭은 53년 봄에 마영일을 찾아 부산항 1부두 근처 해운공사를 드나들었다. 마 씨 문제 말고도 부산항에 드나들 일이 또 있었다. 4월 22일 자 편지를 보면 부인 이남덕은 이중섭이 입을 스웨터·바지·점퍼·셔츠 등을 배편으로 보내주었다.[10] 이중섭은 이를 찾으러 부산항 부두에 정박한 배에 가기도 하였다.

마영일과 서적 무역

마영일은 이중섭의 오산고보 후배이고 '해운공사 화물선 사무장'이었다. 해운공사는 "해운업과 무역업을 영위하기 위해 설립된 대한민국 교통부 산하 공기업이었다. 정부가 수립된 뒤 최초로 만든 국영기업"이었다. 당시는 "민간이 외항 해운업을 운영하기가 어"[11]려웠다. 하지만 "대한해운공사의 소속 선박은 대일 정기 항로"[12]를 가지고 있었다. '해운공사 화물선 사무장'이었던 마영일은 일본에 갈 기회가 많았고 이는 일본 물건을

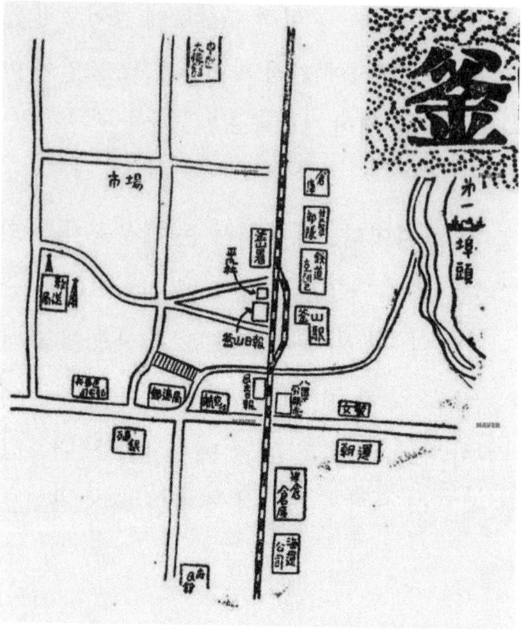

〈경향신문〉 1953년 11월 29일 부산역전대화재를 다룬 기사의 지도. 지도를 보면 1953년에는 지금의 중앙동 무역회관 자리에 부산역이 있었다. 부산역 남쪽 길 건너에 해운공사가 있다.

몰래 들여올 수 있는 이권으로 작용했다.

『이중섭, 그 사람』의 저자 오누키 도모코에 따르면 마영일은 52년 봄, '입국허가증'을 일본의 가족에게 받아 부산의 이남덕에게 전달했다. 이중섭과 이남덕은 마영일을 통해 일본의 가

족과 연락한 것 같다. 이 과정에서 신뢰을 얻은 마영일은 이남덕에게 서적 무역을 제안했다.[13]

> 그러던 중에 그이의 오산학교 후배라는 마 씨라는 사람을 통해서 일본서적을 한국으로 부쳐서 그것을 판 돈의 얼마간의 이익을 주인의 생활비로 활용하자는 궁여지책을 생각해냈습니다. 다행히 동경의 대학가 근처에서 한 친구가 제법 큰 서점을 하고 있어서, 약속어음을 담보로 처음 일화 5만 엔 상당의 일본 서적을 부산으로 보냈습니다. 마씨는 한국의 무슨 통운회사 화물선의 사무장이었는데, 처음 5만 엔은 약속대로 치렀습니다. 그다음엔 27만 엔어치나 가져갔는데 그만 부도를 내버렸어요.[14]

한국에서 구하기 어려운 일본 책을 부산에 가져와 팔면 "30배가 되"[15]었다고 한다. 서적 무역은 일본 책을 '판 돈의 얼마간의 이익을 주인의 생활비로 활용하자는 궁여지책'이었다. 주인은 이중섭을 말한다. 중개 역할을 한 마영일은 '처음 5만 엔'은 약속을 지켰으나 '그다음엔 27만 엔'은 '부도'를 냈다. "아무리 기다려도 다음 송금은 없었다. 마영일이 미국으로 건너간 것을 알았을 때는 이미 늦었다."[16] 이익금은 물론 원금도 돌려받지 못했다. 27만 엔은 이남덕의 빚으로 남았다.

『이중섭, 그 사람』에 나오는 이남덕의 52년 6월 11일 자 편지를 보면 이 무렵 서적 무역을 시작하였다.[17] 부산을 출발하기 직전이다. 이남덕은 일본으로 가기 전에 이중섭의 생활비 문제를 해결하고 싶었던 것 같다. 이 문제를 이중섭의 후배인 마영일과 의논했을 것이고 이중섭도 서적 무역에 대해 알고 있었을 것으로 보인다.

『이중섭 편지와 그림들』(박재삼 옮김)의 첫 편지는 53년 3월 초에 보낸 것이다. 이 편지에서 "마 씨의 돈은 내가 직접 받아서 갈테니 걱정 마시오. (…) 마 씨의 건은 안심하고 기다려주오"[18]라고 처음과 끝에 반복해서 이야기하고 있다. 이를 보면 이남덕이 일본으로 갔던 52년 6월에서 53년 3월 사이에 서적 무역을 시작했고 부도가 났다.

27만 엔

> 당시 27만 엔은 제게는 큰돈이었습니다. 친구에게도 면목이 없었고 정말 죽고 싶더군요. 그 얼마 후 각혈을 했고 일 년가량 누워서 앓았습니다. 누워버리니까 오히려 편하다는 느낌이었어요. 결국 그 빚을 20년이나 걸려서 청산할 수 있었습니다.[19]

"당시 27만 엔이면 2, 3인 가족의 일 년 생활비에 해당하는 큰 액수였다."[20]고 한다. 보건복지부가 고시한 2020년 개인회생 최저생계비를 보면 2~3인 가구의 1년 생활비는 대략 2~3천만 원 정도이다. 이를 참고하면 27만 엔을 대략 2~3천만 원으로 환산할 수 있다.

이남덕은 친구에게 면목이 없어 죽고 싶을 정도였고 "돈을 갚기 위해 바느질, 뜨개질 등을 닥치는 대로 하다가 건강을 해치게 되었다."[21] 빚을 청산하는 데 20년이 걸렸다. 다큐멘터리 영화 〈이중섭의 아내〉를 보면 이남덕의 손가락이 조금 휘어져 있다. 바느질, 뜨개질 등을 오래해서 그렇게 된 것 같다. 연관관계를 확인할 수는 없으나 각혈도 했다. 결핵이었다고 한다.

서적 무역 부도가 이중섭과 이남덕에게 미친 영향

> 당신의 불안한 처지 매일 밤 나쁜 꿈에 시달리며 식은땀에 흠뻑 젖은 당신을 생각하고 대향은 남덕 군에게 그리고 어머님에게 정말 미안하고 면목이 없소.[22]

53년 3월 초 이중섭 편지에 나오는 이야기이다. 대향은 이중섭을 말한다. 어릴 때 집안에서 불렀던 이름이라고도 하고 이중섭의 어머니가 지어준 아호라고도 한다. 이남덕은 '매일 밤 나쁜 꿈에 시달리며 식은땀에 흠뻑 젖'을 정도로 괴로웠다.

이는 서적 무역이 부도가 나고 많은 빚을 떠안았기 때문으로 보인다. 이남덕은 '일 년가량 누워서 앓았'다. 이중섭은 이남덕에게 미안해했고 돈을 직접 받아 갈 테니 '걱정' 말고 '안심'하라고 위로한다. 이후 편지에서도 "아무쪼록 안정해서 빨리 건강을 되찾아주시오."[23] 등으로 이남덕의 건강을 걱정하는 이야기를 전하였다.

53년 3월 중순~4월 하순, 진해, 마산, 통영을 여행하고 부산으로 돌아온 이중섭은 마영일을 찾아 '부산역전 부둣가'와 해운공사를 돌아다녔다. 이중섭은 "그동안 한 점의 작품도 제작하지 못한 채 지금까지 마 씨의 건에 매달려 있었"[24]다. 경찰에 연락하고 판사인 사촌형 이광석을 통해 법적인 수속을 밟으려고 했다. 이런 노력이 결실을 거두어 이중섭은 5월 23일 자 편지에 8만 엔을 받았다는 소식을 전한다.

> 마 씨에게 8만 엔을 받았어요. 인편으로 보내면 복잡해질 테니 대향이 직접 가지고 가겠소. 나머지 22만 7,400엔은 8월 10일까지 반드시 지불하겠다는 연대보증인 3명이 도장을 찍고 마영일 씨가 발행한 차용증을 받았으니 걱정하지 않아도 되오.[25]

이렇게만 진행되었으면 문제가 해결되었겠지만 그렇지는 못하였다.

> 7월 말에 도쿄에 갔을 때는 너무 준비가 되지 않아 한 푼도 없어서 여러 가지로 당신 입장을 괴롭게 한 데 대해 남편으로서 아빠로서 화공으로서 면목이 없었고…… 깊이깊이 마음 아프게 생각하오. (…)
> 돈 때문에 너무 걱정하다가 소중한 맘을 흐리게 하지 않게끔 노력해요. 돈은 편리한 것이기는 하나…… 돈이 반드시 사람을 행복하게 해주지 않아요.[26]

이중섭은 53년 7월 말 일주일간 일본 도쿄에 갔다 왔다. 그 후인 9월 초의 이중섭 편지에 나오는 이야기이다. 이유를 알 수 없으나 5월에 마 씨에게 받았다는 8만 엔을 일본에 가져가지 못했다. 이중섭은 '면목'이 없었고 이남덕은 괴로웠다. 8만 엔은 어떻게 되었을까?

『이중섭의 사랑과 예술』(백미사, 1981)의 이활이 전하는 이야기가 있다. 어느 날 이중섭을 형님이라고 부르는 성악가 S가 찾아왔다. S는 이중섭이 일본 책을 판 돈 5백만 환을 가지고 있는 것을 알고 있었다. S는 "미군 부대 PX에서 일본 기린 삐이루네 트럭분을 친구가 티켓을 얻어 두었는데 5백만 환을 주면 전부 내가 처분할 수 있"[27]고 2천5백만 환을 벌 수 있다. 네 시간만 빌려 달라고 했다. 인정에 이끌린 이중섭은 빌려주었고 돌려받지 못했다. 다른 인물인 J는 일본에서 이중섭의 장모에게

50만 엔을 사기 쳤다고 한다. 시기와 사례를 확인할 수 없지만 한상돈이 "중섭의 아내 남득이 일본으로 건너갈 때를 즈음해서의 얘기들은 중섭에게 죄를 지은 사람들이 많다는 걸 말해주는 것이다."[28]라고 한 이야기를 떠올리게 된다. 아무튼 8만 엔은 어디론가 사라졌다. 8월 10일까지 받기로 한 '나머지 22만 7,400엔'도 받지 못한 것으로 보인다.

> 그 후 하루는 나에게 부산으로 같이 가자는 것이었다. 그는 서적을 갖고 온 친구가 부산에 살고 있다고 했다. 약간의 여비를 마련하여 같이 부산으로 갔다. 부산을 이 잡듯이 뒤져 용케도 보수동에서 그 집을 찾았다.
> 나에게 잠깐 기다리라면서 그 집으로 들어간 중섭은 금방 나오면서 '수제비를 먹고 있더군. 어떻게 그런 사람에게 서적 대금을 받을 수 있겠는가.' 하면서 조금도 섭섭해하거나 언짢게 생각하지 않았다. 지금도 그 표정, 그 말씨가 어쩌면 그렇게 선할 수 있었는지 아리송하기만 하다. 자신도 급박한 상황이었는데 본성이 그렇게 착한 사람임에는 틀림없었으리라.[29]

글의 맥락을 보면 전혁림은 이중섭이 53년 7월 말 일본에 갔고 '그 후' 자신과 이중섭이 부산에 간 이야기를 하고 있다. '그 후'는 전혁림과 이중섭이 통영에 있었던, 53년에서 54년으로 넘어가는 겨울로 추정한다.

이중섭은 화가 전혁림과 함께 부산으로 와서 '서적을 갖고 온 친구'를 찾았다. '서적을 갖고 온 친구'는 마영일로 보인다. 보수동에서 마영일을 찾았지만 수제비를 먹고 있는 모습에 서적 대금을 달라고 하지 못했다고 한다. 전혁림은 '본성이 그렇게 착한 사람'으로 회고하였다. 이즈음 이중섭은 마영일에게 서적 대금 잔금을 받는 것을 포기한 게 아닌가 싶다.

서적 무역의 부도로 생긴 돈 문제는 54년 9월 11일 자 이중섭 편지에 잠깐 나타났고 55년 1월에 다시 등장한다.

> 책방에 지불해야 할 돈도 충분하니 밝은 마음으로 기다려줘요.[30]

55년 1월에 이중섭은 미도파화랑에서 이중섭 작품전(1월 18일~1월 27일)을 열었다. 작품전은 큰 성공을 거두었다. 이중섭은 편지에서 "작품 45점 가운데 20점이 팔렸어요. 5만 원, 4만 원, 3만 원, 2만 원, 총 53만 원의 매상고 가운데 13만 4,000원의 비용을 제하고 40만 원 정도를 벌었어요."[31]라고 전하면서 일본의 '책방'에 진 빚을 갚는 데 자신감을 보였다.

> 내가 도쿄로 가기 전까지는 책방 쪽에는 아무 말도 말아줘요. 내가 가서 적당히 지불할 테니까. 어머님께도 누님께도 잘 전해줘요. 작품전이 성공했다고.[32]

55년 2월 20일 자 편지는 "수금 때문에 오늘까지(20일) 뛰어다녔어요. 거의 다 수금했지요."[33]라고 전한다. 비슷한 시기, 시인 박용주에게 보낸 편지에서는 "수금이 잘 안돼서…… 여태껏 서울서 우물쭈물하고 머물렀습니다."[34]라고 하였다. 이남덕에게 보낸 편지와는 다른 내용이다. 실제로는 수금이 잘 안됐다. 이남덕을 안심시키기 위해 수금이 잘 되는 것처럼 이야기한 것 같다. 이남덕의 어머니도 서적 부도 사실을 알고 있었다. '책방에 지불해야 할 돈' 문제를 해결해야 할 부담은 더욱 커졌다.

일본에서 책방 빚을 갚는 것은 이남덕의 일이 되었고 한국에서 마영일에게 돈을 받는 것은 이중섭의 책임이 되었다. 이남덕은 건강을 해쳐가며 빚을 갚는 데 20년이 걸렸다. 이중섭이 일본으로 가려면 마영일에게 돈을 받는 문제를 해결해야 했다. 또는 그 정도의 돈을 마련해야 했던 것 같다. 일본으로 가서 가족과 합류하는 데 장애물이 하나 더 늘어났다. 서적 무역의 부도는 오랫동안 두 사람 모두에게 큰 고통이 되었다.

11장
53년 여름, 가을, 영주동 〈판잣집 화실〉

11장　53년 여름, 가을,　영주동 〈판잣집 화실〉

신축한 하꼬방(새로 지은 판잣집)

53년 7월 27일 휴전 협정이 체결되었다. 부산으로 피난 내려왔던 많은 사람들과 정부는 서울로 돌아갔다. 이런 흐름과는 달리 이중섭은 가족을 만나러 일본 도쿄로 갔다. 53년 7월 말 통영을 출발하여 히로시마에 마중 나온 이남덕과 큰아들을 만났다. 이들과 함께 일본 도쿄로 가서 '6일'을 보내고 부산으로 돌아왔다. 가족이 있는 도쿄에 어떻게든 남을 것이라고 생각한 사람들은 이중섭이 돌아왔을 때 놀랐다. 부산으로 돌아온 이중섭은 어디에서 거주했을까?

> (53년 8월 초) 이웃에 정규 형 부부가 이사를 와서 매일처럼 거기서 제대로 된 식사를 하고 있으니 마음 놓으세요.[1]

> (53년 8월 27일) 잘 지내시나요. 아픈 이는 좋아졌나요? 나는 새로 지은 판잣집에서 혼자 조용히 앉아 온갖 생각을 해본다오. 불 피울 돈이 생기면 바로 작업에 들어갈 생각이오.[2]

(53년 9월 초) 지금까지 나는 정 씨 댁에서 식사를 했지만 조금 불편하기도 하고 부인에게 미안하기도 해서 어제부터 석유로 간단히(15분 정도) 밥을 지을 수 있는 곤로를 사서 스스로 밥을 지어 먹는다오.[3]

일본에 갔다 온 직후인 8~9월에 부인 이남덕에게 보낸 편지의 내용이다. 8월 초에 화가 정규가 이웃에 이사 왔고 9월 초까지 정규의 집에서 식사를 했다. 중간인 8월 27일 편지에는 '새로 지은 판잣집'(박재삼 번역 신축한 하꼬방)에서 혼자 조용히 지낸다는 이야기가 나온다. 이를 보면 이중섭은 53년 8~9월을 '새로 지은 판잣집(신축한 하꼬방)'에서 지냈다. 이는 통영으로 가는 11월 중순까지 계속된 것 같다.

'새로 지은 판잣집(신축한 하꼬방)'에서 이중섭은 혼자 지냈다. 시인 박용주와 친구들이 같이 머물기도 했던 '대청동 1가 20'의 방과는 다른 곳이다. 또 새로 지은 집(신축)이므로 5월에 이미 있었던 '대청동 1가 20'과는 다른 곳임이 확실하다. 이중섭이 53년 여름과 가을을 보낸 '새로 지은 판잣집(신축한 하꼬방)'은 어디에 있었을까?

김영환의 영주동 판잣집

「이중섭 주요 연보」에서 최열은 이중섭이 1953년, "4월 하순 부산 귀환. 제자 김영환의 중구 영주동 판잣집에서 거주. (…) 8월 부산 영주동 신축 판잣집에 거주"[4]했다고 한다. 4월에는 '김영환의 영주동 판잣집', 8월에는 '영주동 신축 판잣집'으로 영주동 판잣집이 두 번 나온다.

진해와 통영을 여행하고 4월 하순 부산으로 돌아온 이중섭은 '대청동 1가 20'(현 대청포레)에 머물렀다. 이는 통영의 유강렬에게 보낸 편지 봉투의 주소와 문우식의 증언, 이남덕에게 7월 초에 보낸 편지를 통해서 확인할 수 있었다. 4월에 '김영환의 중구 영주동 판잣집에서 거주'했다고 하는 것은 어떤 혼선이 있는 것 같다. 8월 '영주동 신축 판잣집'은 이중섭 편지의 '새로 지은 판잣집(신축한 하꼬방)'을 가리키는 것으로 보인다. 정리하면 아무튼 이중섭은 영주동 판잣집에 거주한 적이 있고, 이는 '신축한 하꼬방'과 겹쳐지고 김영환과 연관이 있다는 것으로 이해할 수 있다.

> 작곡가이며 지휘자인 김영일 씨는 눈발이 휘날리는 1953년 11월 초순 스웨덴 병원의 병실에서 세상을 떠났다. (…) 형의 병이 다 나으면 퇴원해서 안정해야 할 보금자리까지 마련했는데 한 번 들어와 보지도 못하고 가다니 (…) 영주동 고개 마

루턱에 장만한 판자집, 그 집은 김영환 화백이 형의 입원비를 지불해 가면서 남은 돈을 모아 산 난민 주택이었다.[5]

원산에서 이중섭에게 그림을 배운 김영환(1929~)은 그 무렵 미군부대 사인페인터로 근무했다. 사인페인터는 미군부대에서 간판이나 필요한 곳에 그림을 그려주는 일을 하는 사람이다. 미군들의 초상화를 그려주고 약간의 부수입을 얻었다. 부수입을 모아 김영환은 이중섭이 범내골에 있을 때(52년 3월 무렵) 생활비를 보태준 적도 있었다. 당시 김영환의 형 김영일은 교통사고를 당하여 서면 스웨덴 병원[6]에 입원해 있었다. 김영환은 형 김영일의 '병이 다 나으면 퇴원해서 안정해야 할 보금자리'로 '영주동 고개 마루턱'에 판잣집을 장만하였다. 하지만 김영일은 퇴원하지 못하고 53년 11월 초에 영면하였다.

김영환이 '영주동 고개 마루턱'에 판잣집을 장만한 것은 언제일까? 일본으로 건너가기 전인 53년 7월 초 편지에서 이중섭은 "밤에는 박위주 군하고 김영환 형 셋이서 잔다오."[7]라고 하였다. 박위주(박영주)가 있는 것으로 보아 여기는 '대청동 1가 20'이다. 이 무렵 김영환은 '영주동 고개 마루턱'에 판잣집을 장만하지 못한 것 같다.

김영일이 영면한 때는 11월 초이다. 김영환은 53년 7월 초와 11월 초 사이 어느 때에 형 김영일의 '병이 다 나으면 퇴원해서 안정해야 할 보금자리'로 '영주동 고개 마루턱'에 판잣집을 장만했던 것으로 보인다.

김영환은 사인페인터로 미군부대에 근무하였고 형 김영일은 스웨덴 병원에 있었으므로 영주동 판잣집은 비어 있는 일이 많았을 것이다. 김영환은 원산시절 이중섭에게 그림을 배웠고 범내골 판잣집도 수소문하여 찾아왔다. 형 김영일이 세상을 떠났을 때 이중섭은 김영환과 함께 장례를 치렀다. 이중섭이 김환기에게 추천하여 김영환은 홍익대학교 미술학부에 들어갔다. 이즈음 이중섭과 김영환은 교류가 잦았다. 비어 있는 김영환의 영주동 판잣집에 이중섭이 머물렀다고 보아도 이상할 것이 없다.

> 괴로웠던 피난살이 3년 동안의 우리들의 '판자집' 신세. 이제 막상 마음의 고향 서울을 찾아 떠나려는 어제오늘 부산 거리를 다시 한번 살펴보고 가슴이 뭉클거리거니와 우리가 남겨 놓고 갈 3만 호의 전시 피난 주택 '판자집' 뒤처리는 부산시 당국의 처분대로 하소.[8]

〈동아일보〉 53년 7월 18일 기사이다. 53년 7월 27일 정전협정이 체결되고 많은 피란민들이 부산을 떠났다. 이 무렵 부산에는 '3만 호의 전시 피난 주택 판자집'이 남았다. 이 가운데는 '6, 7천 환 정도로 매매'가 되기도 했지만 대개 무허가여서 그냥 버려지거나 점차 철거되었다. 그러므로 53년 8월은 빈터를 찾아서 버려진 판잣집의 자재를 모아 새로 판잣집을 지을 수 있는 때였다. 이런 환경에서 이중섭과 김영환은 영주동 산마루턱에 새로 판자집을 짓거나 '장만'하였고 이중섭이 머물렀을 가능성도 생각할 수 있다.

스웨덴 병원

부산 서면에 롯데백화점 부산본점이 있다. 백화점 정문을 바라보고 왼쪽 모퉁이에서 스웨덴 참전기념비를 찾을 수 있다.

> 1950년 9월 23일, 이곳 부산상업고등학교에 설치되었던 유엔군 사령부 산하의 스웨덴 야전 병원은 대한민국의 자유 수호를 위해 1950~1953년(3년간) 한국전쟁에 참가했다. 이를 길이 기념하고 스웨덴과 대한민국 양국 국가 간의 영원한 친선을 위해서 기념비를 바치노라.

현재의 롯데백화점 부산본점 자리에 1950년 당시는 부산상업고등학교가 있었다. 스웨덴 의료지원단은 1950년 9월 23일 부산항에 도착했고 부산상고 자리에 "야전 병원을 개설하고 전쟁이 끝날 때까지 유엔군과 한국군 전상자 치료 및 대민 의료 구호 활동을 벌였다."[9] 당시 사진을 보면 병원 입구 아치문 위에 SWEDISH RED CROSS HOSPITAL(스웨덴 적십자병원)[10]이라고 붙어 있다. 흔히 스웨덴 병원이라고 불렀다.

전쟁 중이고 피란민으로 북적댔던 부산에서 민간인들은 병원에 가기 힘들었다. 하지만 스웨덴 병원에서는 군인들뿐 아니라 민간인들도 치료받을 수 있었다. '국적, 신분, 주머니 사정 불문'이었다. 병원비는 무료였고 사람들은 '저 병원에 가면 뭐든지 다 낫는다.'고 믿었다.

> 아침에 자고 깨면 진찰받겠다고 해서 몇십 명, 몇백 명씩 줄을 서 있어요. 옛날에 가마니 있잖아요, 쌀가마니. 그걸 깔고 여름이나 겨울이나 거기서 그냥 모두 잤어요. 하여간 환자들이 꽉 그냥 찼어요.[11]

스웨덴 병원에서 치료를 받으려면 줄을 서서 표를 받아야 했다. 표를 받기 위해서 사람들은 병원 앞에 가마니를 깔고 밤을 새웠다. 표를 받으면 '병이 다 나을 때까지 치료비 없'이 치료를 받을 수 있었다.

김영환의 형 김영일은 6·25 전쟁 중 '사관학교 군악대'에 있었는데 "지이프 차에 허리를 부딪혔다."[12] 육군병원에 입원했으나 병이 낫지를 않아 김영환은 김영일을 스웨덴 병원에 입원시켰던 것 같다. 이중섭은 서면 스웨덴 병원에 있는 김영일을 문병했고 가지고 간 파인애플 깡통을 따서 환자에게 건넸다.

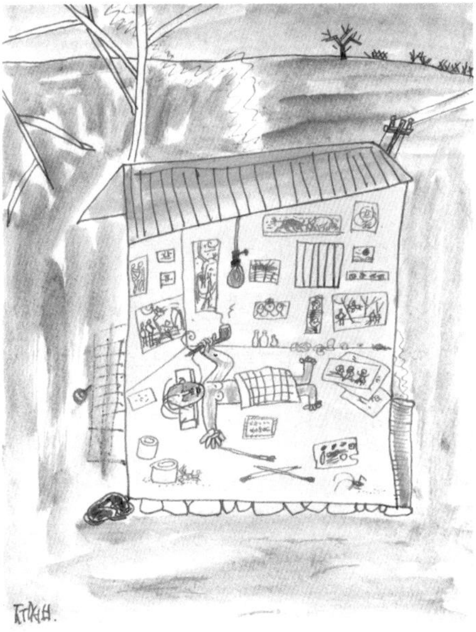

판잣집 화실

담당 의사와 간호사에게는 김영일을 잘 부탁한다며 자신이 그린 그림을 선물하였다.

판잣집 화실

이중섭의 그림 〈판잣집 화실〉의 배경이 된 곳은 어디일까? 서울 신수동과 부산 영주동으로 주장이 갈라진다.

서울 신수동

이중섭은 54년 5월 통영을 떠나 잠시 진주에 머물다 6월 서울로 갔다. 6월에는 "인왕산 기슭 종로구 누상동 김이석의 집에 머물"렀고 7월에는 누상동 "정치열 소유 이층집 2층으로 이주"[13]하였다.

> 향리에서는 1년 남짓 이중섭 씨와 가까이했을 뿐이다. 그를 다시 남에서 상봉하기는 그가 거제·부산·통영 등지에서 피난살이를 하다가 남덕 부인과 두 아들을 일본에 있는 처가에 보내고 혼자 누상동에 머물러 있을 때였다.
> 군에서 휴가차 나온 나에게 황 모 씨가 나타나 그에게 안내했다. 7년 만의 해후였다. 늦은 가을이었던 것으로 기억한다. 그가 기거하는 2층 다다밋 방은 스산했다. 가구도 침구도 없이 슬리핑 백 하나로 딩굴고 있었다. 웅크려 사는 생활인데도 호박덩이를 하나 크게 그려 놓고 「얼마나 편한 자세냐!」 하며 좋아했다. 프랑스 작가 발작이 궁핍할 때 먹을 것이 없으면 밥상 위에 먹고 싶은 것을 그려 놓고 먹는 시늉을 했다는 일화가 생각났다.[14]

시인 김광림은 6·25 전쟁 전 원산에서 응향 사건으로 이중섭을 알게 되었고 '1년 남짓 이중섭 씨와 가까이' 지냈다. 원산 광석동 집을 방문하기도 하였다. 47년 월남한 김광림이 이중섭을 다시 만난 것은 전쟁이 끝나고 54년 '늦은 가을', 이중섭이 서울 누상동에 있을 때였다. 누상동 집은 '2층 다다밋 방'이었다. 일제강점기에 지어진 집일 가능성이 높다. 〈판잣집 화실〉의 판잣집은 단층이고 굴뚝이 있고 연기가 피어오른다. 누상동 집은 〈판잣집 화실〉의 판잣집이 아닌 것으로 보인다.

> 친구의 사정으로 지금 있는 집을 팔았기 때문에 2, 3일 중에 아고리는 다른 집으로 이사를 하지 않으면 안 되게 되었소.[15]

아고리는 이남덕이 이중섭을 부르는 애칭이다. 정치열은 누상동 집을 팔았고 이중섭은 이사를 가야 했다. 박재삼 번역에서는 10월 말, 양억관 번역에서는 12월 중순으로 나온다. 이런 혼선은 어떻게 생긴 것일까? 이중섭은 어디로 이사했을까?

> 한 달 이상 판사 이광석 형 댁에 신세를 지고 있소. (…) 자형과 형수는 중섭 군에게 딴 방 하나를 내어주고 불을 때고 두꺼운 이불과 세 끼마다 맛있는 음식을 (…) 신경을 써주어서 불편없이 제작에 열중하고 있소[16]

55년 1월 18~27일 미도파화랑에서 열린 개인전 직전에 보낸 편지이다. 이광석은 이중섭의 이종사촌 형이고 당시 판사였다. '자형(慈兄)'은 '자애로운 형'의 뜻으로 상대를 높이는 말이다. 조카 이영진도 "추위가 다가오자 이종사촌 형 이광석의 신촌집에서 약 3개월 동안 계속 전람회 준비를 함"[17]이라고 전한다. '3개월'은 54년 11월부터 미도파화랑에서 개인전을 열고 대구로 가는 55년 1~2월 무렵까지로 보인다. 시인 고은은 이광석의 집을 "신촌동 70의 11. 영단주택. 이대 뒤에서 아주 한적한 숲속의 분위기였다."[18]라고 주소까지 제시한다. 신촌동 이광석의 '영단주택'은 방이 두 개 이상이고 〈판잣집 화실〉과는 달라 보인다.

> 그때 당시 중섭은 누상동 김이석(현재 사망)의 집에서 작품 준비를 하다 다시 이광석의 호의로 신수동에 방 한 칸을 얻었다.[19]

조정자의 주장은 조금 다르다. 정치열이 아니라 김이석의 누상동 집에서 '신수동 방 한 칸'으로 이사했다고 한다. 최열은 이중섭 편지의 '딴 방'을 '신수동 방 한 칸'으로 해석하여 조정자의 주장과 같이한다. 이는 조카 이영진이 "추위가 다가오자 이종사촌형 이광석의 신촌집에서 약 3개월 동안 계속 전람회 준비를 함"[20]이라는 이야기와는 다르다.

〈화가의 초상04방01〉의 배경은 1954년 11월 무렵 거주하고 있던 마포구 신수동의 집으로, 방 안엔 온통 작품들로 가득 차서 화실을 방불하게 하고 있다.[21]

〈화가의 초상04방01〉은 〈판잣집 화실〉이다. 이중섭이 '1954년 11월 무렵 거주하고 있던 마포구 신수동의 집'이 배경이라고 한다. 최열과 조정자는 신수동 집이 판잣집이고 이를 그린 것이 〈판잣집 화실〉이라고 보는 것 같다. 근거가 무엇인지는 이야기하고 있지 않다.

박재삼 옮김의 『이중섭 편지와 그림들』(다빈치 두 번째 개정판, 2013)은 〈판잣집 화실〉을 연도 표시 없이 54년 가을에 배치하였다. 최열의 주장과 같은 맥락이다.

부산 영주동

최석태의 『이중섭 평전』은 "〈판잣집 화실〉, 종이에 수채와 잉크. 26.8×20.2cm. 1953년 일본에 헤어져 있는 가족에게 보낸 그림 가운데 하나이다."[22]라고 한다. 최석태에 따르면 이중섭이 〈판잣집 화실〉을 그린 것은 53년이다.

〈판잣집 화실〉은 이중섭이 일본에 다녀온 지 한 달쯤 후인

1953년 9월 일본에 있는 아내에게 편지를 보내면서 동봉한 그림이다. 오른쪽 그림은 이 〈판잣집 화실〉의 벽에 붙여진 그림 부분을 확대한 것인데 왼쪽 그림 〈부부〉와 똑같은 형상의 그림이다.[23]

〈제민일보〉 2008년 7월 23일에 실린 화가 전창원의 이야기이다. 화가 전창원도 〈판잣집 화실〉은 이중섭이 1953년 9월 일본에 있는 아내에게 편지를 보내면서 동봉한 그림이라고 한다. 53년 9월이면 이중섭이 부산에 있을 때이다.

양억관 옮김의 『이중섭 편지』도 〈판잣집 화실〉을 53년 8월 27일 자 편지에 배치하고 그림 아래 '1953년'[24]을 표시하였다. 최석태, 전창원의 주장과 같은 맥락이다.

계속 마사코와 이야기를 나누고 싶고, 태현 · 태성과 더 놀아주고 싶었을 이중섭은 다음에야말로 일시 체류가 아니라 도쿄에서 가족과 함께 살 수 있는 준비를 해야만 한다고 생각했던 듯하다. 이를 위해 제작에 집중하자고 스스로 분발할 것을 다짐한 걸까. 친구 집을 전전하던 이중섭은 판잣집을 새로 구하고 집에서 혼자 조용히 생각에 잠겼다. 그런 모습을 그의 그림에서 떠올려 볼 수 있다. (…) 이 무렵 화가 정규가 근처로 이사를 왔다.[25]

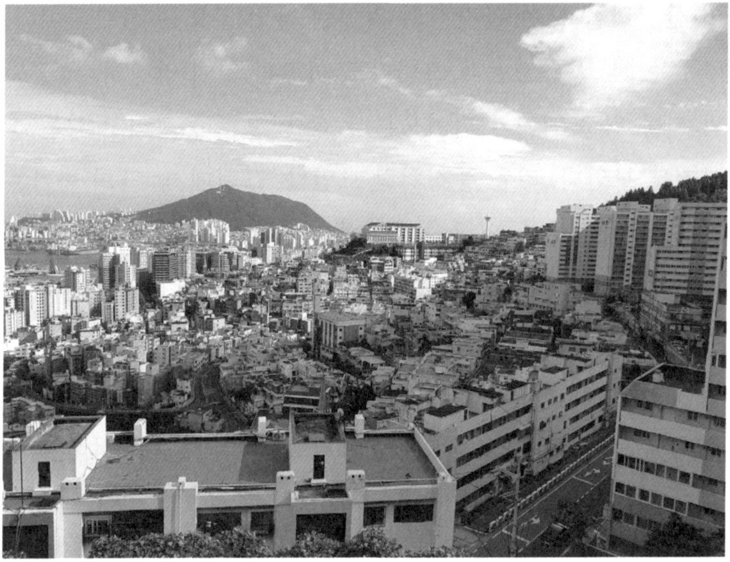

영주동의 2021년 모습

'그의 그림'은 〈판잣집 화실〉이다. 『이중섭, 그 사람』의 오누키 도모코는 〈판잣집 화실〉을 이중섭이 '도쿄에 갔다 온 이후'와 '정규가 근처로 이사를 왔'던 때의 그림으로 이야기한다. 53년 8~9월 무렵이다.

이를 따르면 〈판잣집 화실〉은 53년 9월 무렵 이중섭이 자신이 거주했던, 부산 영주동의 '신축한 판잣집'을 그린 것이다. 〈판잣집 화실〉에서 6·25 전쟁 시기, 영주동 산비탈에 많이 들어섰던 피란민 판잣집의 모습을 찾을 수 있다.

그렇다고 해도 의문은 남는다. 〈판잣집 화실〉의 지붕 너며 산언덕을 보면 판잣집의 위치는 산비탈 또는 산마루이다. 나무는 몇 그루 없는데 그나마도 이파리 없이 앙상하다. 굴뚝과 지붕 위로 연기가 피어오른다. 문 옆으로 웅크리고 있는 강아지도 보인다. 겨울 풍경처럼 보인다. 그런데 방 안의 화가는 웃옷을 벗고 있다. 외풍이 심했을 판잣집에서 겨울에 옷을 벗고 누워 있는 것은 납득하기 쉽지 않다. 어느 계절인지 명확하지 않다.

이중섭의 53년 8월 27일 자 편지에 "나는 새로 지은 판잣집에서 혼자 조용히 앉아 온갖 생각을 해본다오. 불 피울 돈이 생기면 바로 작업에 들어갈 생각이오."[26]라고 한 것도 의문이 생긴다. 8월 27일이면 늦은 여름인데 불을 피운다고 한다. 확실한 이유는 알지 못한다. 그림 작업과 관련 있다면 〈판잣집 화실〉에서 불을 피우는 연기가 난다고 해도 겨울이 아닌, 늦은 여름일 가능성은 남아 있다.

〈판잣집 화실〉을 보면 지붕 오른쪽으로 전기선이 들어오고 안에는 빨간 알전구가 매달려 있다. 판잣집의 주인은 누워 파이프 담배를 피우고 있다. 그림도 그리고 편지도 쓰고 기분이 좋아져서 느긋해하는 듯한 모습이다. 알전구 옆으로 보이는 그림을 확대해보면 〈부부〉 그림과 비슷하다. 통영 이전에 이미 부산에서 〈부부〉 그림을 그렸던 것으로 전창원은 추정[27]하였다.

'거제리 판잣집'

이중섭이 거제리에 판잣집을 얻었다는 이야기도 있다.

> 그 후 친구의 도움으로 해운공사의 모 씨를 찾았더니 3천만 환 중에서 5백만 환밖에 남지 않았다. 그 돈으로 평생 한 번 자기 집이라고 가진 것이 부산 거제리 언덕받이에 얻은 판자집이었다. 가구라곤 개가죽 털로 된 요 하나뿐 이곳저곳에 그림 그린 종이만이 깔려 있었다.[28]

'그 후'는 이중섭이 일본 가족에게 갔다 온 53년 여름이나 가을, '해운공사의 모 씨'는 마영일로 보인다. 5백만 환을 받았고 '거제리 언덕받이'에 판잣집을 얻었다고 한다. 시인 고은도 "훨씬 뒤에는 아내가 보내준 500만 환으로 거제리 판잣집 한 칸을 사서 거기서 산 일도 있다."[29]고 한다. 이를 따르면 53년 여름과 가을, 이중섭이 거주한 '신축한 하꼬방(새로 지은 판잣집)'은 거제리 판잣집이 된다.

이중섭은 이남덕에게 보낸 편지에서 53년 5월에 마영일에게 8만 엔을 받았다고 한다. 확실하지는 않지만 당시 환율이 50대 1이었다고 한다. 대략 400만 환이다. 조정자와 고은의 500만 환과 비슷하다.

거제리는 중앙동 1부두에서 서면을 지나야 닿을 수 있는,

꽤 거리가 있는 곳이다. 여태까지의 이중섭 행적을 보면 이중섭의 거주지는 우암동, 범일동, 문현동, 대청동, 영주동 등 주로 서면 남쪽이거나 부산항 부두 근처이다. 53년 봄에는 일본 가는 배편을 구하기 위해 또는 마영일을 찾아서 부산항 1부두 주변을 헤매고 다녔다. 그런 이중섭이 별다른 연고가 없어 보이는 거제리에 집을 얻었다면 더 많은 설명이 필요하다.

이중섭의 편지를 보면 '신축한 하꼬방' 옆에 화가 정규가 살았는데, 당시 정규가 근무했던 해동중학교는 영도에 있었다. '신축한 하꼬방'이 거제리 판잣집이라면 정규는 거제리에서 영도까지 출퇴근한 것이 된다. 정규의 입장에서 보면 거제리는 출퇴근하기에 불편한 곳이다.

화가 한묵과 남포동 동거

시인 김규동은 판잣집 지은 이야기를 하면서 "판자집이 좁은 단칸방이라고는 하나 이 친구 저 친구의 집을 전전하면서 나날을 보내는 그를 한 번도 초대하지 못한 것은 섭섭한 일이다."[30]고 한다. '그'는 이중섭이다. 부산 피난 시절에 이중섭은 범내골이나 문현동, 대청동, 영주동 같은 곳에서는 비교적 오래 머물렀지만 또 어떤 때는 친구들의 집을 전전했던 것으로 보인다.

> 명동을 돌아다니다가 해가 저물 무렵이면 내 방문(혜화동 하숙집)을 두드리기 일쑤였다. 그래서 유 박사와 상의, 조용한 정릉 산골짜기에 둘이 가 있어보기로 했다.
> 이미 그곳에 있던 박점석 내외가 우리 하숙집을 소개했다. 때는 늦가을, 중섭과 나와의 동거 생활이 다시 시작되었다(처음은 부산 남포동). 중섭이 이곳에 와서는 병색이 가셔 근처 언덕길 산책도 하고 더러는 스케치도 했다.[31]

55년 가을, 이중섭은 서울에 있는 '삼선교의 베드로 정신병원(유석진 원장)'에 입원해 있었다. 회복되면서 가끔 병원을 나와 화가 한묵을 찾아갔다. 한묵은 이중섭과 함께 서울 정릉 산골짜기로 들어가 하숙을 했다. 이는 두 번째이고 '처음은 부산 남포동'에서 '동거 생활'을 했다고 한다.

부산 피난 시절인 51년 10월 부산극장에서 공연한 오페라 〈콩지 팟지〉에 "한묵은 '장치 의상고안'을 담당한 스태프의 일원으로 참가"했다. 한묵은 "때마침 중섭이는 제주도 서귀포에서 부산에 나와 있다가 소문을 들어 알았는지 나의 작업장이며 거처인 남포동에 찾아온 것이다."[32]라고 전한다. 이를 참고로 하면 51년 제주도 서귀포에 가 있던 이중섭은 가끔 부산에 들렀다. 이 무렵 이중섭은 한묵의 무대 장치 작업을 같이했고 '거처인 남포동'에서 숙식을 함께했던 것으로 보인다.

영주동

조선 후기

오늘날 지도를 보면 부산 초량동 남쪽은 영주동, 대청동, 동광동, 광복동이다. 용두산 공원은 주로 광복동, 동광동에 포함된다.

왜관을 사전에서 찾아보면 "조선시대, 일본인이 거주하던 마을로, 조선과 일본 간에 외교 의례와 무역이 이루어진 공간이다."[33] 이를 참고하면 왜관은 일본인 마을이고 외교와 무역을 하는 곳이었다. 조선 전기에는 부산, 울산, 진해 등에 있었고 후기에는 부산에만 있었다.

초량 왜관(1678~1876)은 지금의 초량동이 아닌 광복동, 동광동 등 용두산 공원 주변에 있었다. 조선 정부는 왜관에 거주하는 일본인들의 통행 범위를 지금의 용두산 공원 주변으로 한정하고 군사 초소인 복병막을 설치하여 감시하였다. 정해진 경계를 넘어가면 사형에 처한다고 했다.[34] 동래 부산의 조선인과 초량 왜관의 일본인이 서로 접촉하지 못하도록 엄격히 통제하였다.

1709년 조선 정부는 지금의 초량동 홍성방 본점 자리에 설문이라는 문을 만들고 설문 아래 바닷가에서 산 위까지 담장을 쌓아 출입을 통제했다. 설문 남쪽인 영주동에는 초량객사와 통역하는 관리들의 근무처인 임소를 두었다. 임소 근처에 살던 일반인들은 설문 북쪽인 지금의 초량으로 이주되었다. 설문과 왜관 사이, 초량과 광복동 사이, 영주동은 조선인 마을과 일본인 마을 사이의 중간지대 같은 곳이었다. 조선 후기 200년 동안 일반 주민이 들어가 살 수 없는 곳이었다.

개항 이후

1876년 2월 조선은 일본과 강화도 조약을 체결하였다. 그 '부록'에는 왜관의 정문인 수문과 설문을 없애고 일본인은 부두에서 10리를 통행할 수 있다는 내용이 나온다. 82년이 되면 '10리'는 50리, 100리로 늘어난다. 일본인들은 왜관을 벗어나 초량을 지나고 부산진과 동래도 지나고 내륙으로 진출할 수 있게 되었다. 일본인을 왜관에 묶어두었던 통제가 풀린 것이다. 이에 따라 영주동에도 변화가 생겼다. 초량과 영주동을 갈라놓았던 설문이 없어지고 관리가 아닌 조선인들도 들어가 살 수 있게 되었다.

『산복도로이야기』(산리협동조합, 2014)는 1880~1920년대에 이르는 옛날 사진을 많이 담고 있다. 「1882~3년경 영주동과 초량」, 「1885년 초량 해안」, 「1890년경 옛 초량 객사」, 「1904년 영선고개」 등이다. 이 사진을 보면 1880년대의 초량 해안은 활처럼 휘어져 있다. 해안은 모래사장인 것 같고 뒤쪽 나무숲은 방풍림이라고 한다. 방풍림 주변으로 십여 채가 넘는 민가를 볼 수 있다. 한적한 바닷가 마을의 모습이다. 복잡한 도심으로 변한 지금과는 완전히 다르다.

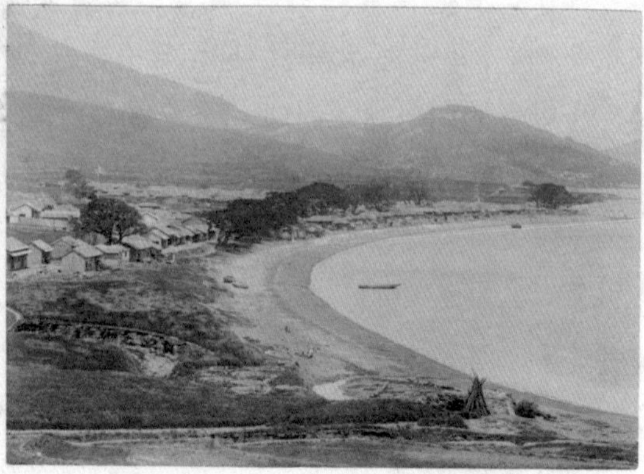

1980년대 중반 초량 해안의 모습. ©부경근대사료연구소

영주동에는 제법 커 보이는 기와집 건물이 여러 채 동서 방향으로 늘어서 있다. 왕의 전패를 모셔 놓은 초량 객사이다. 일본 사신들이 오면 여기에서 "조선 국왕에 대해 예의를 표하고 절을 올"[35]렸다. 오늘날의 새영주시장 자리에 있었다고 한다.

새영주시장 건너편 영주시장과 봉래초등학교 근처에 임소가 있었다. 사진을 보면 주변에 '20여 호의 민가가 들어서' 있다. 1880~90년경에는 민간인들도 영주동에 들어와 살기 시작한 것 같다. 1900년대가 되면 "영주시장과 영선고갯길 사이에 제법 규모 있는 부락이 형성"[36]되고 있다.

초량 객사(새영주시장) 서쪽으로는 논밭이고 산이다. 논밭은 오늘날 부산터널 주변이고 산비탈은 오늘날 산복도로 주변이다. 논밭은 경사가 비교적 완만하나 뒤편의 산비탈은 경사가 급하다. 사람이 사는 집이나 마을은 보이지 않는다.

새영주시장과 영주시장, 봉래초등학교 자리에 초량 객사와 임소가 있었다. 초량 왜관 시절에는 역관 등 관리 이외에 일반 주민은 거주할 수 없는 곳이었다. 개항 이후인 1880년대가 되면 여기 주변으로 마을이 형성되기 시작하였다. 오늘날의 산복도로 주변은 그냥 산이었다.

일제강점기

일제강점기에 영주동은 많은 변화를 겪은 것으로 보인다.

> 영주정 시장이 잇는 십이간 대로를 지나 부산의 왕자인 박간(迫間)부호의 별장이 잇는 소위 박간공원 밑에서 그 공원과 대면하고 잇는 오불꼬불한 원시적 통행로를 가지고 층게 층게 산밑에서 산상까지 버러저잇는 일천오백호의 빈민굴의 외관은 실로 부산서 제일가는 박간씨의 별장과는 피육적 대조가 아니랄 수 없다.[37]

〈동아일보〉 1934년 3월 31일 자 기사 「칠천여 명이 집중된 어린같은 산상 주가」의 일부이다. '영주정 시장'은 지금의 영주시장인 것 같다. 영주정 산리 빈민굴을 취재한 기사이다.

'부산의 왕자인 박간부호'는 하자마 후사타로(迫間房太郎, 1860~1942)이다. 하자마 후사타로는 당시 부산의 대표적인 부호였고 지주였다. 하자마와 그 아들은 동래, 김해, 밀양 등 경남과 전남, 전북 등에 많은 토지를 소유하였다. 1933년 기준으로 답 6,423,000평, 전 1,269,000평, 기타 4,272,000평이 된다.[38] 다 합치면 11,964,000평이다. 천만 평이 넘는 엄청난 면적의 토지를 소유하였다.

'박간(迫間)부호의 별장'은 오늘날 부산터널 진입로 근처, 부산대영우편취급국 옆의 부산중앙교회자리로 알려져 있다. 중앙교회 자리는 당시는 숲이었고 100m쯤 아래 배수지길 입구 삼거리에 정문이 있었다.[39]

'박간(迫間)부호의 별장' 건너편 산에는 빈민굴이 들어서 있었다. '영주정 산리'이고 오늘날의 산복도로 주변이다. 산비탈을 깎아 '층게 층게' 계단식으로 집이 들어섰고 다닐 수 있는 길은 '오불꼬불한 원시적 통행로'였다. 비라도 내리면 '진흙으로 인하야 흙바다를 이루고 마니 비탈진 곳에 누구 하나 미끄러지지 않고 다니는 사람이 없'었다.

영주정 산리의 집은 '토막과 빠락집'으로 불렸다. 토막은 '땅을 파고 거적 따위를 얹고 흙을 덮'은 집이다. 빠락집은 '빠라크'로 불리기도 했다. "빠라크의 구조는 너무나 급조한 양철집에 기둥은 손가락보다 굴지 않은 재목에다 사람이 서서 출입할 수 없으리만치 낮은데 문이라고는 모두가 하나 아니면 둘이"었다. "당시 빈민촌을 방문한 사람들에게는 마치 '돼지우리'처럼 보였다."[40]

영주정 산리는 '10년 전만 해도 사람이 살지 않는 비탈진

산에 불과'했다. '10년 전'이면 1920년대 초반이다. 산리는 천오백 호에 인구는 '7천 명 내외'였다. 산리에 사는 사람들은 '대개가 부산항에 출입하는 기선과 어선들의 짐을 싯고풀고하야 그날 양식을 구하는 자유노동자들'이었다. 1920년대 농촌에서 밀려나 살길을 찾아 부산으로 온 사람들이 영주동 산 위로 올라와 집은 지은 것으로 보인다. "조선 사람 더욱이 빈민계급이 주택지를 산상에 구한다면 평지에서 살지 못하고 쫓겨 가는 자들이 부득이 하는 소치라고 한다."[41]는 걸 보면 주민들은 주로 조선인이었던 것 같다.

"그들 빈민의 먹고산다는 현상은 그 수입상으로 보아 인간이하의 동물적 생활에도 미치지 못할 정도다. (…) 산리 이문우라는 사람의 수입지출을 계산해 보면 그중에도 제일간다는 성적이 이러하다. 식구 6인, 월수 9원으로 쌀값 6원, 방세 1원 30전, 잡비 1원 70전으로 쌀값 6원 중에는 반찬값이 1원 계산되었다."[42] 지출 가운데 '방세 1원 30전'이 있다. 이 방세는 누구에게 냈을까?

〈부산일보〉 1956년 11월 11일 자에는 "이날 부산시 당국자는 74만 평에 달하는 박간산 소유권을 위요한 정부와의 소송에서 지난 10월 25일 대구고법에서 부산시가 승소한 판결이 있었다고 밝혔다."[43]는 기사가 나온다. 박간산(박가이산)은 흔히 하자마 '거처(별장)' 뒤편 산을 말한다. 정확한 경계는 알지 못하지만 박간산이 74만 평이면 영주동 산복도로 일대와 중앙공원, 민주공원 주변을 다 포함하는 것으로 보아야 한다. 영주동 산복도로 대부분의 땅은 하자마의 소유였으므로 '산리 이문우'의 지출 중 '방세 1원 30전'은 하자마에게 냈을 것 같다. 산리의 다른 집들도 마찬가지였을 것이다. 당시 영주동은 하자마의 왕국처럼 보였을 듯하다.

> 그들이 먹고 배설하는 분뇨, 이것을 어떠케 처치하나? 부에서는 오물소제부가 잇어 오예물을 전부 가저다 버리는 것 같이 말하지마는 그것은 다만 시가지의 도로가 평탄한 구역에 불과하고 산비탈에서 버리는 불결한 모든 물건은 비용이 많이 든다고 처분할 생각도 아니하니 그것을 버리는 곳은 길가에나 개천가다. 그러므로 썩는 냄새와 보기에 구역나는 광경은 화려한 장수통의 면경알같은 아스팔드 노변과 적절한 대비가 된다.[44]

산리 산비탈에서는 길가나 개천가에 분뇨를 버렸고 '썩는 냄새'가 났다. 장수통은 지금의 광복동이고 주로 일본인들이 살았다. '면경'은 '작은 거울'이다. 장수통은 거울처럼 깨끗했고 화려했다. 산리는 수도가 없었고 샘물을 떠다 먹었는데 늘 물이 부족했다. "부인네와 어린 처녀들이 물 한 동이를 깃겠다고 밤을 새워가며 서로 싸"[45]웠다.

초량 왜관 시절 용두산공원과 초량은 영선산으로 막혀 있었다. 영선고갯길로 통행하였다. 일제강점기에 들어와서 영선산을 깎아 영주동 앞을 지나가는 '십이간 대로'를 만들었다. 용두산공원과 초량을 연결하는 큰길이었다. 영주시장이 생겼고 논밭이 있던 남향받이 언덕에 하자마 별장이 들어섰다. 하자마 별장 맞은편, 지금의 산복도로에는 산리라는 마을이 형성되었다. 주민은 주로 부산항에서 일하는 자유노동자들이었고 조선인이었다. 이들의 생활은 어려웠고 주택, 화장실, 수도 등 기반 시설은 빈약하였다. 이들은 땅주인인 하자마 후사타로에게 수입의 상당 부분을 방세로 냈을 것으로 보인다. 영주동 산리에서 식민지 빈부의 차이와 민족 차별을 읽어낼 수 있다.

6·25 전쟁과 영주동 판잣집

부산 인구는 45년 28만 명, 49년 47만 명이었고 51년은 84만 명으로 늘었다. 이는 6·25 전쟁이 나고 1·4 후퇴 때 많은 피란민들이 부산으로 들어왔기 때문이다. 피란민 수용소는 7만 명 정도를 수용했다고 한다. 어떤 사람들은 친척이나 아는 사람의 집을 찾아 들어가거나 셋방을 얻었다. 또 많은 피란민들은 산으로 올라가거나 해안가, 하천가 등에다 판잣집을 지었다.

> 재차 서울을 뒤에 놓고 부산에 찾아오던 재작년 1월 4일 아우성치며 거리를 헤매이었으나 집은 없고 되는대로 판자부스레기를 주어모아 만든 "가옥 형태 (…) 다만 지붕이 있고 방바닥이 있고 벽이 있고 하면 그것만으로도 아주 우리에겐 둘도 없는 "쓰위트 홈"였으니 집 없는 피란민 우리들의

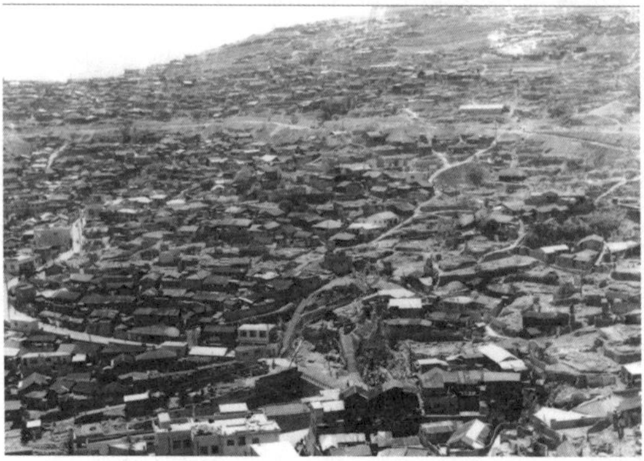

1968년도 영주동 판자촌. ©부경근대사료연구소

동지들이 거리마다 골목마다 하나 세우고 둘 세우고 이럭저럭 살아오는 동안 그 수는 어느 듯 작년 7월 4일 현재로 당국에 조사된 것만 해도 2만 8천6백 십9호……
그 후 강제 철거도 있었고 화재도 있었으나 그래도 현재에 와서는 3만 호가 넘을 것이고 영주동 산기슭에 약 1천 호, 영도(대교로4가) 연안 가에 약 7백 호, 보수동에 약 6백 호, 송도 방면에 약 3백 호 그 외 간 곳마다 우리들의 동족 없는 곳이 없으니 다만 지난해 2월 일시에 재로 돌아가 버린 국제시장의 약 1, 2백호가 애달플 지경[46]

일제강점기에는 영주동 산리에 '토막과 빠락집' 또는 '빠라크'로 불리는 집이 천오백 호, 7천여 명이 살고 있었다. 6·25

전쟁 시기에는 1·4 후퇴 때 내려온 피란민 약 1천 호가 영주동 산기슭에 판잣집을 짓고 살았다. 부산 전체로는 약 3만 호가 넘을 것이라고 한다.

영주동 산기슭의 "비탈길은 약 45도"이고 "57% 정도가 주거가 불가능"[47]한 곳이었다. 그럼에도 일제강점기 빈민이나 6·25 전쟁 피란민들은 비탈길을 올라와 빠락집이나 판잣집을 짓고 살았다. 영주동은 부산항 부두와 가깝다. 부산항 부두에 가면 배에서 짐을 내리는 부두노동을 할 수 있었다. 6·25 전쟁 시기 "한창 군수 및 원조 물자가 쏟아져 들어올 때는 무려 5만여 명이나 취업할 수 있"[48]었다. 지금의 메리놀병원 앞을 지나면 국제시장도 멀지 않다. 해방 이후 형성되었고 '6·25 전쟁 이후 미군의 원조 물자 및 많은 밀수품들이 유입된' 국제시장에서 장사를 하거나 일자리를 얻을 수 있었다.

> 피란민들이 만드는 판잣집은 크지 않았다. 한 가족이 6.6m² ~9.9m²[2~3평]의 공간만 있어도 충분했다. 만들 수 있는 재료가 귀하기도 했지만, 곧 고향으로 돌아갈 수 있을 것이라 생각했다. 그래서 땅 욕심도 내지 않았다.[49]

판잣집은 2~3평 정도였다. 문현동 박고석의 판잣집은 6평이었다. 〈국제신문〉 1952년 12월 12일 2면 기사 「토막 속엔 꿈도 얼고」에는 "낙엽 진 포푸라가 눈바람 속에서 추워 떨면 판자집 문틈으로 … 가마니 장판에 담요를 쓰고 몇 번째 몸부림을 치면서 아이들은 잠들었는데 … 지지지지 타고 있는 석유 등불에 그래도 실날 같은 희망이 있어"[50]라는 이야기가 나온다. 이 기사를 보면 판잣집 내부는 가마니를 깔아 장판으로 삼았다. 잘 때는 담요를 덮었다. '석유 등불'로 밤을 밝혔고 다른 난방 시설은 없어 보인다.

> 집이 이래해가지고(두 손으로 삼각형 모양을 만드심) 요기다 가마니를 덮었어 거적때기. 지붕이 이래 생겼잖아(손을 뾰족하게 모으심) 비는 샜어요. 그런 집보다 좀 나은 집은 인자 지붕에다가 미군들 박스 있지 박스로 하게 되면 비는 안 새. 그런 걸로 덮어가지고 하고, 좀 나은 집이지. 박스는 그 당시 미군부대에서 내버리고 그랬으니까 주서오고 그랬을 거야. 그러다가 나중에는 미군 깡통들 깡통 그걸 오려가지고 지붕 그걸 만들어요. 다 연결해가지고 그래가지고 지붕을 하고 그랬다고 깡통 그걸 오려가지고 그게 커봤자 요정도 밖에 안되지(A4 반 정도). 전부 이사가지고 그러다가 나중에 루삥이라고 기름먹인 종이가 있었어요. 그걸로도 지붕 놓고.[51]

'김종필은 1936년생으로 평안남도 중화군 해압면 출신'이다. 1950년 12월 부산으로 피난 왔고 '1952년 영주동 피란민촌으로 거처를 옮겼다.' 김종필은 영주동 피란민촌 판잣집 지붕에 사용한 여러 재료를 설명한다. 우선 삼각형 모양에 가마니나 거적때기를 덮은 지붕은 비가 샜다. 움막집으로 보인다.

'미군 박스'로 만든 지붕은 비가 안 샜다. '미군 박스'는 6·25 전쟁 기간 중에 부산항에 주둔하고 있던 미군부대가 내버린 씨-레이션 종이 박스이다. '씨-레이션(Combat Individual Ration, C-Ration)'은 미군의 전투용 개인 식량이다. '빵, 고기, 야채, 커피, 설탕 등'과 같은 내용물이 깡통에 들어 있었고 종이 박스에 포장되었다. 박스 종이는 두꺼운 골판지였던 것 같다. '보루박스, 볼박스'로도 불린다. 영어로 'cardboard box'이다.

미군들은 먹고 남은 빈 깡통과 종이 박스를 버렸고 피란민들이 주워 와서 집을 짓는 데 사용했다. 씨-레이션 종이 박스가 어떻게 지붕 재료가 되고 비를 막아주었을까?

> 판잣집이, 산비탈이 맨 판잣집이기 때문에 판잣집이라면 저 옛날에 미군 군인들이 한국에 6·25 때 많이 왔기 때문에 여기 통조림 있잖아 간수메 통조림. 그 통조림 박스, 박슨데 지금 이런 박스랑은 틀려. 그거는 기름을 먹여가지고 비가 맞아도 박스가 저기를 안 해. 그러니까 그 하꼬방 판잣집이 지붕을 그 박스로다 그때는 싹 그거 다 버렸거든 그걸 다 지붕을 한 거라. 옆에는 이런 판자 나무판자로다 벽을 하고 지붕을 그걸 덮고 이러니까 불이 잘나잖아.[52]

씨-레이션 종이박스는 '기름을 먹여가지고 비가 맞아도'

새어 들어오지 않았다. 당시 판잣집 사진(피난시절 남구의 기억)을 보면 지붕에 길쭉한 종이를 더덕더덕 붙여 놓은 것을 볼 수 있다. '옆에는 이런 판자 나무판자로다 벽을' 만들었다.

씨-레이션 깡통도 지붕 재료였다. 깡통을 오리고 '이사가지고' 지붕을 만들었다. A4 반 정도 크기였던 깡통을 몇 개나 오리고 연결하면 지붕 하나가 나올까? 그나마도 재료가 얼마 없어서 이런 지붕은 많지 않았다고 한다. '루삥이라고 기름먹인 종이'로도 지붕을 만들었다. 기름 먹인 씨-레이션 종이 박스와 루삥 지붕은 불이 나면 금방 옮겨붙었다. 6·25 전쟁기에 부산에 화재가 많았던 이유이다. 그 후 스레트, 슬라브 등으로 지붕이 바뀌어갔다.

> 그땐 물이 없어가지고 수도가 없어가지고, 안 나오더라고 샘도 없었고… 저 지금 부산 터널 위, 터널이 완전히 관통되었는가 모르겠는데, 일본사람들이 그때 뚫어놨어 거기 터널이 있는데 거기 물이 막 고여 있더라고 것도 깡통 이래가지고 거기다 떠가지고 밥해 먹고 그 물 먹고 그래 살았어요. 참 비참했지 그 당시.
>
> 화장실도 없었어. 공중화장실 같은 것 그런데 가기도 하고 그랬어요, 가마니때기로 가려 놓고 볼일보고 그랬어요. 세수할 그런 것도 없고, 세숫물이 어디 있어…[53]

부산 터널 주변 피란민들은 터널에 고인 물을 깡통에 받아

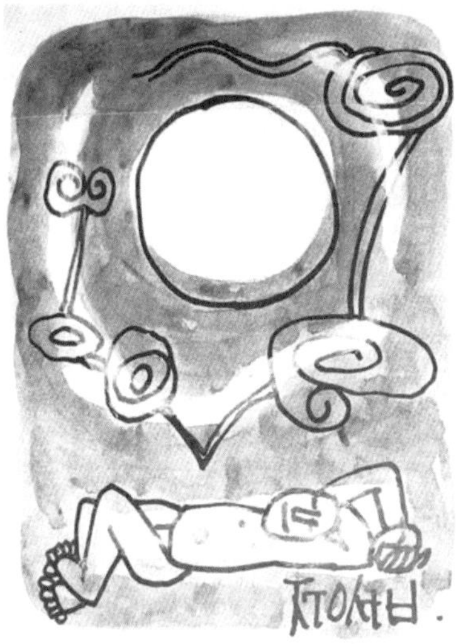

달밤

서 밥해 먹었다. 세숫물도 없었다. 화장실이 부족했고 '가마니 때기로 가려 놓고 볼일보고 그랬'다. 집 안에 수도도 있고 화장실도 있는, 그런 구조는 아니었다.

판잣집을 전전했던 이중섭도 다른 피란민과 마찬가지였을 것 같다. 겨울에도 찬바람이 쑹쑹 들락거리는 방에서 잠을 자고 공동화장실을 찾아다녔을 것이고 어딘가로 물을 뜨러 다녔을 것 같다. 이중섭은 50년 12월 부산에 피난 와서 53년 11월 통영으로 가기까지, 제주도 1년을 제외하면 거의 2년을 부산에서 보냈다. 53년 11월 부산을 떠난 이후 이중섭은 56년 9

월 사망 때까지 통영과 진주, 서울과 대구를 옮겨 다녔다. 이 기간 중 53년에서 54년으로 넘어가는 겨울에 마영일을 찾으러 잠깐 보수동에 들렀고 54년 6월 진주에서 서울 가면서 부산에 잠시 들렀다고 한다.

월남 후 가장 오래 머물렀던 부산에서 그린 그림이 이상하게도 적은 이유

6·25 전쟁 중인 50년 12월, 남쪽으로 피난 온 이후 이중섭이 가장 오래 거주한 곳은 부산이다. 대략 2년이다. 하지만 부산에서 그렸다고 하는 작품은 많지 않다. 이유가 무엇일까?

> 1954년 4월, 유명한 부산 부산진구의 대화재는 이중섭과도 관련이 있다. 부산에 있는 동안 그려 지인에게 맡겨 둔 150점 가량의 그림이 함께 타 버린 것이다. 이중섭은 전해 여름, 휴전이 성립된 직후 경남 통영으로 옮겼다. 월남 후 가장 오래 머물렀던 부산에서 그린 그림이 이상하게도 적은 이유다. 항상 불조심 합시다![54]

『이중섭 평전』의 지은이 최석태의 이야기이다. '부산진구

대화재'는 1954년 4월 3일 매축지마을에서 발생한 화재를 말하는 것 같다. '부산진 대화재'는 미군부대 송유관에서 흘러나온 휘발유에 불이 붙어 일어난 화재이다. 1시간 30분 만에 불을 껐지만 "주민 37명이 숨지고 140명이 부상하였다."[55] 이중섭은 지인에게 '부산에서 그린' '150점가량의 그림'을 맡겨두었는데 이 화재로 함께 타버렸다고 한다. 매축지마을 '지인'이 누구인지는 이야기하고 있지 않다.

> 일례로 고인 작업의 주된 산실을 전쟁 기간 가족과 피난 온 제주 서귀포로 아는 이들이 많지만, 소 그림과 풍경 등의 숱한 명작을 만든 곳은 통영과 부산이다. 휴전 직전 부산역전 대화재로 숱한 수작들이 소실됐다는 것도 잘 알려져 있지 않다.[56]

휴전협정은 1953년 7월 27일이고 '부산역전 대화재'는 1953년 11월 27일 저녁, 영주동에서 시작된 화재를 말한다. 지금의 영주동 흥아거북아파트 근처에서 시작된 불길은 동광동, 대청동, 중앙동으로 번져 다음 날 아침까지 부산역 등 많은 건물과 집을 불태웠다. 산비탈에서 시작된 불길이 1부두 쪽으로 번져갔다.

'휴전 직전'이라는 말을 빼고 '부산역전 대화재로 숱한 수작들이 소실됐다.'고 이해할 수 있다. 이는 이중섭의 '작가 인생을 절망 속으로 빠뜨렸'다. 누가 쓴 글인지는 알 수 없으나 양억관 옮김의 『이중섭 편지』에는 다음과 같은 글이 실려 있다.

> 1953년 가을 무렵, 이중섭은 고미술에 대한 그의 안목을 신뢰한 통영 나전칠기기술원양성소 책임자인 유강렬의 권유로 통영으로 갑니다. 통영에서 그린 첫 그림이 〈달과 까마귀〉입니다. 그림에 몰두한던 11월, 유강렬의 부인에게 맡겨둔 부산 시절 그림 150점가량이 부산 도심을 휩쓴 대화재로 모두 타버리는 안타까운 사고가 있었습니다. 가장 긴 시간을 보낸 부산에서 그린 그림이 너무나 적게 남은 까닭이 여기에 있습니다. 엄청난 충격을 받은 이중섭은 이내 마음을 가다듬고 그림 그리기에 집중합니다.[57]

위의 글로 짐작해 보면, 이중섭은 유강렬의 초청으로 53년 11월 중순, 통영으로 가면서 부산 피난 시절 그렸던 작품을 유강렬 부인에게 맡겼다. 11월 말 부산역전대화재로 큰불이 나면서 유강렬의 집이 불탔고 이중섭 작품도 같이 타버렸다. 부산역전대화재로 영주동, 동광동, 중앙동 일대가 불탔고 아마 유강렬의 집도 이 지역에 있었던 것 같다. 중앙동에는 공공건물이 많았으니 아마 유강렬의 집은 영주동이나 동광동이었을 것 같다.

상상해 보면 이중섭이 통영에서 많은 작품을 남긴 것은 부산에서 화재로 불타 사라진 작품을 복원하려는 마음도 작용했을 것 같다.

12장

광복동 검문소

12장 광복동 검문소

이북에 있을 당시에도 중섭은 공포증에 사로잡혀 있었었다. 같이 작업을 하다가 미군기의 공습경보가 내리면 어쩔 바를 모르고 내 바지 가랑이를 잡고 『한형, 한형』 하고 부르면서 늘어지는 것이었다.

물론 중섭은 나보다 8살이 아래였지만 나는 속으로 이 사람이 도대체 남잔가 싶었다. 다른 사람들이 잽싸게 방공호 속으로 피하는걸 보면서도 중섭은 나만 잡고 펄쩍펄쩍 뛰는 것이었다.[1]

'이북에 있을 당시'면 국군이 원산을 장악한 50년 10월 10일 이전, 6~10월 무렵이다. 제공권을 장악한 미군은 원산을 폭격했다. 미군기의 공습경보가 내리면 다른 사람들은 잽싸게 방공호 속으로 피하는데 이중섭은 한상돈을 붙잡고 '어쩔 바를 몰'랐다고 한다.

우리는 술이 거나해져서야 술집을 나왔다. 넷이서 초라한 꼴들이었지만 호기 있게 광복동으로 나가고 있었다. 그런데 갑자기 중섭이가 고함을 치는 것이 아닌가. 「가만 있어! 저기 검문소가 있다. 내 빨리 갔다 올테니 여기서 기다려!」 하고는 어디론지 줄행랑을 치는 것이었다. 우리들은 서서 기다렸다. 얼마 안 있어 중섭이 숨을 헐떡이며 나타났다. 「이제 됐다. 가자.」 그는 의젓하게 앞장을 서는 게 아닌가. 그는 친구 집에 맡겨둔 스케치북과 화구 박스를 갖고 온 것이었다. 그리고 아주 늠름한 태도로 검문소 앞을 지나가는 것이었다.

중섭은 겁쟁이였다. 특히 군인이나 경찰을 보면 오금을 못 폈을 정도다. 이북에서 너무나 혼찌검이 났고 그것이 공포증을 심어준 것이었다. 그러나 중섭은 스케치북과 화구가 든 박스만 갖고 있으면 아주 당당한 몸짓을 짓는 것이었다. 그것들은 그의 신분증이었던 것이다. 피란민 증명서보다 중섭에게 안도의 한숨을 쉬게 하는 것은 그가 화가라는 사실을 증명할 수 있는 것이었다. 그만큼 그는 자신이 화가라는 걸 자랑스럽게 생각했다. 우리는 거의 매일이다시피 만나고 술 먹고 하면서 부산의 비릿한 내음 속을, 살기마저 풍기는 피란민의 인파속을 헤집고 다녔다.[2]

이중섭이 송혜수와 주로 어울렸던 52~53년 어림인 것 같다. 이중섭은 광복동에서 검문소를 보고는 '줄행랑'을 쳤다. '군인이나 경찰을 보면 오금을 못 폈을 정도'였다. 그 이유를 송혜수는 '이북에서 너무나 혼찌검이 났고 그것이 공포증을 심어준 것'이라고 한다.

46년 말 원산문학동맹에서 출간한 시집 『응향』은 북한에서 큰 문제가 되었다. 『응향』에 실린 시들이 "현실의 본질로부터 멀리 떨어진 통한, 애상 따위의 표현을 일삼고 있으며 퇴폐적이며 반인민적인 경향으로 흘러버린 반동의 작품"[3]이라고 비판받았다. 시집은 판매금지 되었고 작가들은 사상검토를 받았다. 『응향』에 시를 실었던 구상은 조사 도중 월남하였다. 이중섭은 『응향』의 표지그림을 담당했고 "〈유희하는 군동상〉을 표지화로 사용하였다."[4]

> 46년이었던 걸로 기억됩니다만, 구상 선생님의 『응향』이라는 시집의 표지화를 그이가 그린 적이 있었는데 그 책이 사상적으로 문제가 되어서 그이도 문초를 받은 일이 있었습니다.[5]

이남덕의 이야기이다. 문초의 내용은 알 수 없으나 '이북에서 너무나 혼찌검이 났고 그것이 공포증을 심어준 것'이라면 '사상적으로 문제'가 되었던 응향 사건을 빼고는 생각하기 힘들다. 이중섭의 원산 광석동 집에도 드나들었던, 시인 김광림은 "그는 표지화 때문에 반동으로 몰려 곤욕을 치"[6]렀다고 전한다.

> 우리는 원산서 주로 로맨틱·리얼리즘을 강요받았으나 부산

에는 이미 추상화의 화풍이 일고 있었다. 사실 중섭의 화풍은 원산서 환영을 받지 못했다. 중섭은 이미 일본서 야수파적인 것에 물들어 있었으며 그의 소재는 언제나 자신의 생활 주변의 것을 택하고 있었다. 그의 그림은 환상적이었으나 추상화는 아니었고 그렇다고 리얼리즘도 아니었다.

이러한 현실과의 갈등은 중섭을 무척 괴롭혔을 것이다. 그 실례가 있다. 월남하기 전해에 8·15전이 원산서 열렸을 때 한묵과 중섭은 나와 함께 출품을 했었다. 한묵과 나는 금강산 스케치를 내고 중섭은 인민군을 소재로 한 작품을 내었는데 중섭의 것만 낙선이었다. 그의 화풍은 당시 이북의 현실과 아무래도 어울릴 수 없었던 것이다.[7]

원산에서 함께 활동한 한상돈의 이야기이다. 이중섭의 '그림은 환상적이었으나 추상화는 아니었고 그렇다고 리얼리즘도 아니었다.' '원산서 환영을 받지 못했'고 원산 '8·15전'에서 낙선했다. 이중섭의 화풍은 '이북의 현실과 아무래도 어울릴 수 없었'다. 이는 화가 한묵의 이야기에서도 확인할 수 있다.

8·15 해방 후 1947년 원산에서의 일이다. 소련 현역작가 전시회를 개최, 주최 측인 소련대표들이 우리 측 작품을 보여 달라고 했었다. 중섭의 작품을 보고 「인민의 적」이라고 했다. 그들이 말하기를 예술가는 어디까지나 인민의 봉사자이며 선

량한 선도자로서의 의무를 수행해야 한다는 것이었다. 그런데 중섭의 그림은 인민에게 공포감을 주며 사물을 정직하게 그리지 않고 자기 주관에 의해 극단적으로 과장하기 때문에 인민을 기만하고 있다는 지적이었다. 그때 그들이 본 중섭의 작품은 〈투우〉 〈투계〉 〈군조〉 등이었다. 굵은 터치로 힘차게 그린 것들이다. 성난 소, 성난 닭, 성난 까마귀 떼들이다. 그들의 논법대로 한다면 「피카소」의 〈게르니카〉도 인민의 적이라는 범주 속에 끼어 들게 되는 게 아닐까.[8]

지금도 죄송하게 여기고 있는 것은, 이북에선 자유롭게 그림을 그릴 수 없다면서 주인(이중섭)은 자주 술을 마셨고, 취하면 저에게 주정을 부리는 일이 거듭되었을 때, 마음속으로 이럴 바엔 일본으로 돌아가는 게 낫겠다고 생각한 적이 더러 있었습니다. 그때 저는 그이가 괴로워하는 원인이 바로 표현의 자유였다는 점을 바르게 이해 못 했던 것입니다. 당시의 그는 벽화의 모사를 갈망하고 있었습니다.[9]

이중섭은 '이북에선 자유롭게 그림을 그릴 수 없다'고 생각했다. 괴로워했고 자주 술을 마시고 취하면 이남덕에게 주정을 부렸다. 당시의 이중섭은 '벽화의 모사를 갈망하고 있었'다. 이중섭은 평양 외가집에서 평양공립종로보통학교를 다녔다. 오늘날의 초등학교이다. 그 무렵 평양부립박물관에서 고구려

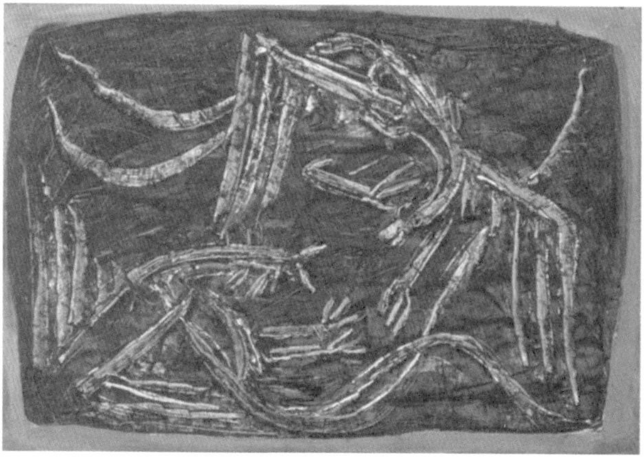

투계

고분벽화실을 보면서 깊은 인상을 받았다.[10] 이중섭이 '벽화의 모사를 갈망'했던 것은 고구려고분 벽화에 뿌리를 두고 있다고 한다. 이중섭의 군동화도 고려 상감청자의 동자문에서 뿌리를 찾기도 한다.

원산에서 이중섭을 '문초'했던 '응향'의 그림자는 남쪽으로 피난 온 후 대구에서 포대령이라 불리웠던 이기련과 함께 다시 등장한다.

> 이기련은 현역 육군 대령으로 중부 전선에서 미 고문단 장교에게 결투를 제의하면서까지 한국군의 작전 계획을 고집한 대담한 성대파 지식인 장교였다. 그는 군인보다 승려나 작가, 예술가들과 어울려서 대구 후방에 온 이래 독특한 아웃사이더적 기개를 보인 기인이었다. 황산덕과 성대 법문학부 동기기도 했다.
>
> 그는 중섭을 거의 광적으로 좋아했다. 그러다가 그는 갑작스럽게 "너는 왜 구상처럼 해방 직후 월남하지 않았지? 너 빨갱이지?"라고 대들었다.
>
> 이 짓궂은 폭언에 중섭의 가슴은 산산이 조각이 났다. 중섭은 다음 날 대구 경찰서 사찰계로 자진 출두했다.
>
> 사찰계장은 "당신 누구요? 뭣 때문에 여기 왔소?"라고 사납게 추궁했다.
>
> 중섭은 고개를 숙이고 있다가 물었다.

"내가 빨갱이입니까?"[11]

포대령 이기련은 취중에 응향 사건의 구상처럼 해방 직후 월남하지 않았다고 이중섭을 빨갱이로 몰았다. 북에서는 『응향』의 표지화를 그렸다고 문초를 받았고 남에서는 진작 월남하지 않았다고 빨갱이로 몰렸다. 이중섭은 대구경찰서 사찰계에 가서 '내가 빨갱이입니까?' 하고 물었다. 고은의 시 「이중섭」(만인보)은 이런 시대 상황을 "누군가/ 너는 빨갱이다 라고 신고하면 끝장/ 그런 시대가 한 예술가의 공포였다."[12]고 하였다.

「이중섭의 심리부검」에서 손성은은 "자신의 결벽을 주장하는 이중섭의 행동 이면에는 두려움, 혼란스러움과 절박한 심정이 있다. 빨갱이로 의심받고 있다는 생각(망상)과 그에 따른 처벌에 대한 불안감 때문이다. 의심을 받고 있고 장차 피해를 입을 지도 모른다는 피해망상과 이에 따른 두려움은 결국 적절한 이성적 판단을 하는 현실 검증력을 상실하게 만들고 타인이 객관적으로 보았을 때, 미친 사람으로 보이는 부적절한 행동으로 이어졌다."[13]고 설명한다.

이중섭이 대구경찰서 사찰계에 찾아가서 '내가 빨갱이입니까?' 하고 물었던 때는 55년 7월이다. 연락을 받고 찾아온 구상은 이중섭을 대구성가병원에 입원시켰다.

> 조금만 있으면 사랑하는 아내와 아이들을 만날 수 있다는 희망과…… 펄펄 살아 숨 쉬는 새로운 생명을 내포한 새로운 세계를 지향하는 그림을 그릴 수 있다는 바람 하나만으로 참아왔다오.[14]

이중섭의 예술 활동은 해방 이후 북쪽에서 억압당했다. 6·25 전쟁 이후 남쪽 피란지에서 이중섭의 삶을 지탱했던 것은 가족과 그림이었다. 이중섭은 사랑하는 가족과 함께하며, 그림을 그리며 살고 싶었다. 55년 대구 시절이 되면 이중섭은 일본으로 갈 수 있다거나 일본에 있는 가족이 한국으로 돌아올 것이라는 희망을 잃어버린 것 같다. 미도파화랑의 이중섭전시회는 좋은 평을 받았지만 수금이 잘 안됐다. 대구 전시회는 그림이 팔리지 않았다. 서적 무역의 부도로 생긴 빚은 끈질기게 이중섭의 다리를 붙잡았다. 가족을 만날 수도 없고 그림을 그리기도 힘든 상황이 그를 정신적으로 힘들게 했다. 취중이지만 빨갱이로 몰리면서 그의 정신은 균형을 잃었고 삶은 파괴되었던 것으로 보인다.

> 석 달 이상 남편에게서 아무 소식이 없습니다. 무슨 일이 있는 건 아닌지 걱정입니다. 이렇게 오랫동안 소식이 없었던 적은 한 번도 없었으니까요. 생활력이 강하고 혼자 어떻게든 헤쳐 나가는 사람이라면 얼마간 소식이 없어도 이렇게 걱정되

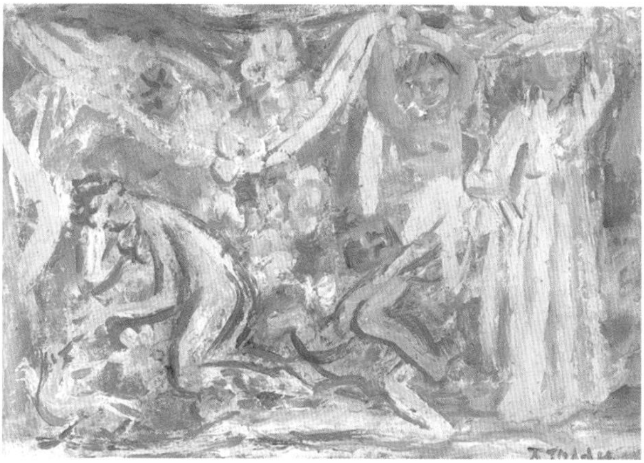

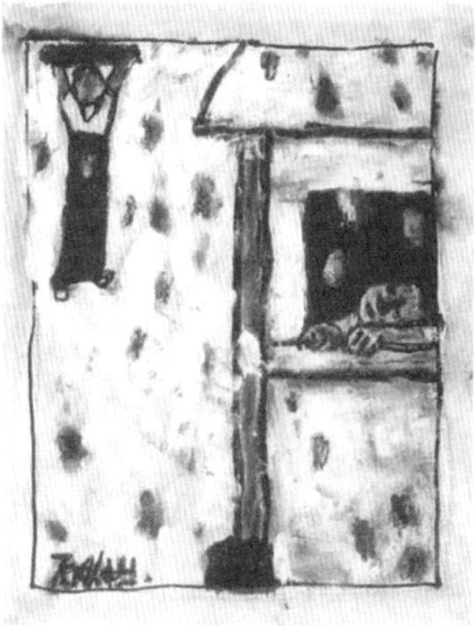

(위)가족

(아래)돌아오지 않는 강. 1956년 그림으로,

이중섭의 마지막 그림이다.

진 않을 것입니다. 하지만 남편같이 신경이 예민하고 섬세한 사람은 하루 떨어져 있는 것도 불안합니다. 아프지 않고 건강히 잘 지내고 있다면 저는 그저 그 사람을 믿으며 참고 기다릴 수 있을 것입니다.[15]

영화 〈이중섭의 아내〉에 나오는 이남덕의 이야기이다. 55년과 56년 9월 사이, 마지막 1년 즈음의 어느 때인 것 같다. 이남덕의 불안이 드러나 있다.

맺음말

부산 지하철 1호선 중앙역 14번(12번은 엘리베이터) 출구를 나오면 기업은행 간판이 붙어 있는 곳에서 은산베이빌딩이라는 간판도 찾을 수 있다. 빌딩을 보고 오른쪽 끝에 흰색 '새마당 매축지비'가 있다. "이 지역은 1902년부터 1912년 사이에 구 한국정부와 일본거류민단이 용두산과 영선산 일대의 해안에 접하였던 야산을 깎아서 바다를 메워 육지를 만든 곳이다."라고 적혀 있다. 여기를 '새마당'이라고 불렀던 것 같다.

새마당비 앞에는 몸체가 검은 비가 서 있는데 앞면에는 "옛 부산역터", 뒷면에는 "부산역전대화재"라고 적혀 있다. 바로 옆에 있는 교보생명빌딩과 부산무역회관 빌딩 자리가 옛 부산역이 있던 곳이라고 한다. 1953년 11월 27일 부산역전대화재 때 소실되었다. 지도를 검색하면 부산무역회관 옆에서 "부산잔교역(폐역)"을 찾을 수 있다. 길을 건너면 부산세관이고 부산항 1부두이다. 지금의 부산역은 옛 초량역 근처이고 1969년에 역사를 새로 지었다.

옛날 부산역 사진을 보면 서양풍의 건물 앞에는 그리 넓지는 않지만 광장이 있다. 은산베이빌딩과 그 옆 빌딩 자리인 것 같다. 광장 뒤로 옛 부산역 역사가 있고 그 뒤로 1부두로 연결되는 긴 회랑이 있다. 부산역에 내린 사람들은 회랑을 따라 1부두로 걸어가서 당시의 '관부연락선'을 탔다. 역에서 바로 배를 탈 수 있도록 구조를 만들었다. 일본제국주의자들은 근대적인 교통수단을 연결하여 침략의 발판으로 삼았을 뿐 아니라 서양풍의 그럴듯한 건물을 배치하여 식민지 부산에 위압적인 모습을 보여주고 싶었던 듯하다.

이중섭은 17세 때인 1932년, 평양 근처인 평원군에서 원산으로 이사하였다. 36년 오산고보를 졸업하고 일본으로 건너가 도쿄제국미술학교 서양화과에 입학하였다. 다음 해 문화학원으로 옮겨 43년까지 유학생활을 하였다. 일본으로 건너가는 관부연락선을 타기 위해 이중섭은 원산을 출발, 서울을 거쳐 부산역에 도착했을 것이다. 1부두에서 관부연락선을 타면서 미술 공부를 할 수 있다거나 이남덕(야마모토 마사코)을 만날 거라는 기대로 두근거렸을 것 같기도 하다. 이중섭에게 부산항 1부두와 부산역은 한동안은 매년 드나들던 익숙한 곳이었다.

이중섭이 다시 부산항을 만난 것은 50년 12월, 원산에서 LST를 타고 부산으로 피란했을 때였다. 유학생이던 전과는 달리 시인 고은의 이야기처럼 "피란민이라는 원형"을 꼬리표로 달게 되었다. 피란민으로 부산에 떨어진 이중섭은 전과는 다른 삶을 겪게 되었다.

1952년 6월 부인 이남덕과 두 아들을 부산항 1부두에서 떠나보냈다. 52년 겨울에서 53년 봄으로 이어지는 시기에도 이중섭은 부산역 앞과 부산항 1부두 근처를 서성거렸다. 가족이 있는 일본으로 가는 배편을 구하기 위해서였다. 또 부산역 길 건너에 있었던 해운공사로 가서 마영일이 탄 배가 언제 돌아오는지도 알아보았다. 서적 무역의 부도로 진 빚의 무게는 이중섭의 삶을 짓눌렀다. 이 무렵 이중섭은 부산역 앞 다방에서 만난 시인 김규동에게 "나는 지금 완전히 지쳐 있습니다. 살아갈 아무런 힘도 재주도 없어요."라고 하소연하였다. 옛 부산역과 1부두가 있는 공간은 이중섭에게는 두근거림과 슬픔, 고통이 엇갈리는 곳이었다. 이 무렵의 이중섭을 생각하면 1964년에 나왔고 가수 현미가 부른 〈보고 싶은 얼굴〉의 노랫말, "눈을 감고 걸어도 눈을 뜨고 걸어도/ 보이는 것은 초라한 모습 보고 싶은 얼굴/ 거리마다 물결이 거리마다 발길이/ 휩쓸고 지나간 허황한 거리에"를 떠올리게 된다.

옛 부산역이 있던 교보생명 건물에서 길을 건너 40계단까지는 걸어서 5분 정도의 거리이다. 당시의 40계단은 지금보다 조금 오른쪽에 있었다고 한다. 40계단 근처에서도 배회하는 이중섭을 볼 수 있었다. 40계단에서 53년 봄에 머물렀던 대청동 1가 20까지는 5분도 걸리지 않는다. 대청동 1가 20에서 6·25 전쟁기 다방이 많았던 광복동 로터리까지는 10분이면 갈 수 있다. 이중섭은 광복동 로터리에 있던 다방에도 자주 드나들었다.

굳이 이중섭이 자주 다녔던 루트를 짐작해 보면 하나는 앞에 이야기했던 1부두-옛 부산역-40계단-대청동, 영주동-광복동-남포동으로 이어지는 경로이다. 또 다른 하나는 범내골-박고석의 동천 아틀리에-문현동 판잣집으로 이어지는 경로이다. 범내골 1497번지에서 화가 박고석의 동천 아틀리에까지는 걸어서 20분 정도의 거리이다. 단정해서 말할 수는 없지만, 박고석의 문현동 판잣집이 문현여중 근처에 있었다면 동천 아틀리에에서 대략 걸어서 5분 거리이다. 52년 봄과 여름, 겨울로 이어지는 시기에 이중섭은 이 근처를 드나들었다. 동천 아틀리에(성동중학교 근처)에서 적기 피란민 수용소가 있던 우암동까지도 멀지 않다. 걸어서 간다면 30분 남짓 걸리고 버스를 탄다면 5분 거리이다.

다 짐작하는 것처럼 이중섭은 가족을 보고 싶어 하는 '절박한' 마음을 화폭에 담았다. 만약 이중섭이 원산에 남았고 가족과 헤어지지 않았다면 부인과 두 아들을 그리워하는 이중섭의 그림은 세상에 나오지 못했을 것이다. 그런 의미에서 이중섭의 그림에는 분단과 전쟁이라는 시대의 그림자가 드리워져 있다.

6·25 전쟁기 부산에는 피란민들이 넘쳐났고 이중섭도 피란민이었다. 이중섭에게서 가족을 잃고 삶의 뿌리를 뽑히고 거리를 배회하는 음울한 피란민의 뒷모습을 볼 수 있다. 1950년대 초 부산의 풍경을 그린다면 이중섭도 빼놓을 수 없을 거라는 생각이 든다. 굳이 이중섭과 부산의 인연을 강조하지 않아

도 그냥 다른 피란민들 틈에 섞여 앉아 담배 은박지에 그림을 그리고 있는 이중섭을 자연스럽게 떠올릴 수 있다.

어느 봄날, 이중섭 전망대에서 우연히 만나서 제대로 아는 것도 없이 이중섭 주변을 배회하였다. 여전히 이해하지 못하는 것이나 착오가 있을 거라는 생각이 들지만 이쯤에서 마무리를 지어야 할 것 같다. 부산이든 서귀포나 통영이든 추레한 어느 골목을 헤매이다 다시 만나게 되고, 뭔가 물어볼 게 있으면 또 같이 이야기해 볼 수 있을 것이다.

주

1장 50년 12월 6일, 원산

1 「이남덕 여사 인터뷰」, 『계간미술』 38호, 1986년 여름호, 49쪽.

2 이중섭 미술관 전은자 학예사에 따르면 호적에는 1948년생으로 나온다고 한다. 「[종합토론]현장에서 본 이중섭 연구의 과제」, 『한국근현대미술사학』 32, 2016, 182쪽.

3 「이남덕 여사 인터뷰」, 『계간미술』 38호, 1986년 여름호, 44쪽.

4 사카이 아츠코, 〈이중섭의 아내〉, 2016.

5 「이남덕 여사 인터뷰」, 『계간미술』 38호, 1986년 여름호, 51쪽.

6 사카이 아츠코, 〈이중섭의 아내〉, 2016.

7 이중섭 미술관(제주도 서귀포) 전시관 설명 중 '엽서화'.

8 사카이 아츠코, 〈이중섭의 아내〉, 2016.

9 사카이 아츠코, 〈이중섭의 아내〉, 2016.

10 사카이 아츠코, 〈이중섭의 아내〉, 2016.

11 〈역전다방〉 38화, 국방TV, 2022.04.20.

12 표준국어대사전

13 〈역전다방〉 38화, 국방TV, 2022.04.20.

14 사카이 아츠코, 〈이중섭의 아내〉, 2016.

15 「이남덕 여사 인터뷰」, 『계간미술』 38호, 1986년 여름호, 43쪽.

16 「최초의 관부연락선」, 부산일보, 2016.03.15.

17 「이남덕 여사 인터뷰」, 『계간미술』 38호, 1986년 여름호, 43쪽.

18 「이중섭 탄생 100년 그의 뮤즈 이남덕을 만나다」, 주간조선 2408호, 2016.05.20.

19 양명문, 『무엇이든 사랑할 만하며』, 샘터, 1988, 159~160쪽.

20 최열, 『이중섭 평전』, 돌베개, 2014, 186쪽.

21 김광림, 「나의 이중섭 체험」, 『이중섭의 사랑과 예술』, 백미사, 1981, 22쪽.

22 양명문, 『무엇이든 사랑할 만하며』, 샘터, 1988, 160쪽.
23 『중공군 참전과 유엔군의 철수』, 국방부 군사편찬연구소, 2010, 546~548쪽.
24 「이중섭 탄생 100년 그의 뮤즈 이남덕을 만나다」, 주간조선 2408호, 2016.05.20.
25 최열, 『이중섭 평전』, 돌베개, 2014, 23쪽.
26 고은, 『이중섭 평전』. 향연, 2004, 14쪽.
27 최열, 『이중섭 평전』, 돌베개, 2014, 59쪽.
28 한상돈, 「이중섭의 부산시절 6」, 부산일보, 1976.04.08.
29 한상돈, 「이중섭의 부산시절 6」, 부산일보, 1976.04.08.
30 한상돈, 「이중섭의 부산시절 6」, 부산일보, 1976.04.08.
31 동아출판
32 최열, 『이중섭 평전』, 돌베개, 2014, 245쪽.
33 한송자, 「황해도 사리원 똘똘이, 이제 부산이 고향되다」, 『6·25 피란민의 자전기록-부산의 기억과 삶』, 부산발전연구원 부산학연구센터, 2017, 152~153쪽.
34 동아일보, 1950.12.09.
35 『임시수도천일』, 부산일보사, 1985, 546~547쪽.
36 송관호 수기, 김종운 기록, 「"엎드려"... 미군에 잡혀 6일을 굶다-전쟁포로 8」, 오마이뉴스, 2014.12.18.
37 한송자, 「황해도 사리원 똘똘이, 이제 부산이 고향되다」, 『6·25 피란민의 자전기록-부산의 기억과 삶』, 부산발전연구원 부산학연구센터, 2017, 153쪽.
38 한상돈, 「이중섭의 부산시절 6」, 부산일보, 1976.04.08.

2장 50년 12월 9일 부산, 부산 적기 피란민 수용소

1 김민숙, 「연대기」, 『이호철 문학앨범』, 웅진출판, 1993, 62쪽.
2 한송자, 「황해도 사리원 똘똘이, 이제 부산이 고향되다」, 『6·25 피란민의 자전기록-부산의 기억과 삶』, 부산발전연구원 부산학연구센터, 2017, 155쪽.
3 한송자, 「황해도 사리원 똘똘이, 이제 부산이 고향되다」, 『6·25 피란민의 자전기록-부산의 기억과 삶』, 부산발전연구원 부산학연구센터, 2017, 156쪽.

4 고은, 『이중섭 평전』, 향연, 2004, 128~130쪽.

5 한상돈, 「이중섭의 부산시절 6」, 부산일보, 1976.04.08.

6 『임시수도천일』, 부산일보사, 1985, 554쪽.

7 사카이 아츠코, 〈이중섭의 아내〉, 2016, 김인호 이야기.

8 「이남덕 여사 인터뷰」, 『계간미술』 38호, 1986년 여름호, 49~50쪽.

9 「이남덕 여사 인터뷰」, 『계간미술』 38호, 1986년 여름호, 49쪽.

10 사카이 아츠코, 〈이중섭의 아내〉, 2016, 김인호 이야기.

11 『임시수도천일』, 부산일보사, 1985, 554쪽.

12 김준, 박효민, 유재우, 「일제강점기 적기 부산수출우검역소 건축배경과 특성」, 『대한건축학회 논문집』 계획계 30(11), 2014.

13 송관호 수기, 김종운 기록, 「"엎드려"... 미군에 잡혀 6일을 굶다-전쟁포로 8」, 오마이뉴스, 2014.12.18.

14 『임시수도천일』, 부산일보사, 1985, 556쪽.

15 『임시수도천일』, 부산일보사, 1985, 556쪽.

16 「이남덕 여사 인터뷰」, 『계간미술』 38호, 1986년 여름호, 49쪽.

17 『임시수도천일』, 부산일보사, 1985, 556쪽.

18 송관호 수기, 김종운 기록, 「"엎드려"... 미군에 잡혀 6일을 굶다-전쟁포로 8」, 오마이뉴스, 2014.12.18.

19 「인디카벼」, 『식물학백과』.

20 송관호 수기, 김종운 기록, 「"엎드려"... 미군에 잡혀 6일을 굶다-전쟁포로 8」, 오마이뉴스, 2014.12.18.

21 『임시수도천일』, 부산일보사, 1985, 547쪽.

22 『임시수도천일』, 부산일보사, 1985, 547쪽.

23 고은, 『이중섭 평전』, 향연, 2004, 135쪽.

24 한상돈, 「이중섭의 부산시절 7」, 부산일보, 1976.04.09.

25 「김열규 교수의 '내 부산, 내 옛 둥지' 24-6·25 전쟁 후방기지, 제2부두에서」, 부산일보, 2011.08.31.

26 「김열규 교수의 '내 부산, 내 옛 둥지' 24-6·25 전쟁 후방기지, 제2부두에서」, 부산

일보, 2011.08.31.

27 『임시수도천일』, 부산일보사, 1985, 786쪽.

28 『임시수도천일』, 부산일보사, 1985, 565쪽.

29 김민숙, 「연대기」, 『이호철 문학앨범』, 웅진출판, 1993, 62쪽.

30 『임시수도천일』, 부산일보사, 1985, 565쪽.

31 박고석, 『글 그림 박고석』, 열화당, 1994, 105쪽.

32 한상돈, 「이중섭의 부산시절 8」, 부산일보, 1976.04.10.

33 김광림, 「나의 이중섭 체험」, 『이중섭의 사랑과 예술』, 백미사, 1981, 23쪽.

34 손성은, 「이중섭 심리부검」, 『인문미술사학』 12, 2016, 199쪽.

35 김병기, 「이중섭, 화폭의 부조리」, 『한국의 인간상 5』, 신구문화사, 1965, 540쪽.

36 최열, 『이중섭 평전』, 돌베개, 2014, 59쪽.

37 최열, 『이중섭 평전』, 돌베개, 2014, 809쪽.

38 「이남덕 여사 인터뷰」, 『계간미술』 38호, 1986년 여름호, 49쪽.

39 강원용, 『역사의 언덕에서 2-전쟁의 땅 혁명의 땅』, 한길사, 2003, 135쪽.

40 동아일보, 1951.01.11.

41 김동리, 김동리기념사업회 엮음, 『김동리 문학전집 12 밀다원시대』, 계간 문예, 2013, 87~91쪽.

42 동아일보, 1951.01.14.

43 동아일보, 1951.01.24.

44 『임시수도천일』, 부산일보사, 1985, 557~558쪽.

45 서귀포 이중섭 미술관 홈페이지, 「작가연보」.

46 황홍섭, 「우암동」, 부산역사문화대전.

47 김준, 박효민, 유재우, 「일제강점기 적기 부산수출우검역소 건축배경과 특성」, 『대한건축학회논문집』 계획계 30(11), 2014, 119쪽.

48 『부산지명총람』 3권, 부산광역시 시사편찬위원회, 1997, 17쪽.

49 「부산포초량화관대회도(釜山浦草梁和館大繪圖)」, 『부산고지도』.

50 김준, 박효민, 유재우, 「일제강점기 적기 부산수출우검역소 건축배경과 특성」, 『대한건축학회논문집』 계획계 30(11) 2014, 120쪽.

51 『우암동 사람들의 공간과 삶』, 임시수도기념관, 2014, 55쪽.

52 『우암동 사람들의 공간과 삶』, 임시수도기념관, 2014, 31쪽.

53 양미숙, 「우역검사소」, 『부산역사문화대전』.

54 『임시수도천일』, 부산일보사, 1985, 554~555쪽.

55 『우암동 사람들의 공간과 삶』, 임시수도기념관, 2014, 60쪽.

56 『우암동 사람들의 공간과 삶』, 임시수도기념관, 2014, 61쪽.

3장 51년 12월 범내골, "범일동 '하꼬방(판잣집)'"

1 「이남덕 여사 인터뷰」, 『계간미술』 38호, 1986년 여름호, 50쪽.

2 최열, 『이중섭 평전』, 돌베개, 2014, 292쪽.

3 「김준기의 부산미술 다시읽기」, 부산일보, 2008.05.22.

4 송혜수, 「이중섭의 부산시절 1」, 부산일보, 1976.04.01.

5 「이남덕 여사 인터뷰」, 『계간미술』 38호, 1986년 여름호, 50쪽.

6 최열, 「이중섭 주요 연보」, 『이중섭 평전』, 돌베개, 2014, 811쪽.

7 송혜수, 「이중섭의 부산시절 2」, 부산일보, 1976.04.02.

8 이활, 『이중섭의 사랑과 예술』, 백미사, 1981, 199쪽.

9 이활, 『이중섭의 사랑과 예술』, 백미사, 1981, 203쪽.

10 최석태, 『이중섭 평전』, 돌베개, 2000, 180쪽.

11 「이중섭, 범일동 거리로 돌아온다」, 국제신문, 2014.01.16.

12 이영진, 「이중섭연보」, 『한국문학사』, 1979, 156쪽.

13 부산 동구청 홈페이지

14 『부산지명총람』 1권, 부산광역시 시사편찬위원회, 1995, 285쪽.

15 양홍숙, 「타향살이, 왜관 일본인의 생활상」, 『부산역사문화대전』.

16 우정임, 「호천석교비」, 『부산역사문화대전』.

17 이활, 『이중섭의 사랑과 예술』, 백미사, 1981, 199쪽.

4장 52년 6월, 이남덕의 일본행

1 백영수, 『성냥갑 속의 메시지』, 백영수미술문화재단, 2018, 227~229쪽.

2 송혜수, 「이중섭의 부산시절 3」, 부산일보, 1976.04.03.

3 사카이 아츠코, 〈이중섭의 아내〉, 2016, 이남덕 편지.

4 오누키 도모코, 『이중섭, 그 사람』, 혜화1117, 2023, 177쪽.

5 전은자, 「현장에서 본 이중섭 연구의 과제」, 『한국근현대미술사학』 32, 한국근현대미술사학회, 2016, 182쪽.

6 「이남덕 여사 인터뷰」, 『계간미술』 38호, 1986년 여름호, 50쪽.

7 사카이 아츠코, 〈이중섭의 아내〉, 2016, 이남덕 편지.

8 전은자, 「현장에서 본 이중섭 연구의 과제」, 『한국근현대미술사학』 32, 근현대미술사학회, 2016, 183쪽.

9 「이남덕 여사 인터뷰」, 『계간미술』 38호, 1986년 여름호, 50쪽.

10 송혜수, 「이중섭의 부산시절 3」, 부산일보, 1976.04.03.

11 송혜수, 「이중섭의 부산시절 4」, 부산일보, 1976.04.05.

12 한상돈, 「이중섭의 부산시절 7」, 부산일보, 1976.04.09.

13 송혜수, 「이중섭의 부산시절 3」, 부산일보, 1976.04.03.

14 사카이 아츠코, 〈이중섭의 아내〉, 2016, 백영수 인터뷰.

15 이경성, 「이중섭의 예술」, 『이중섭 작품집』, 현대화랑, 1972년, 98쪽.

16 구상, 「내가 아는 이중섭 (5) 게 너무 잡아먹었다」, 중앙일보, 1986.07.12.

17 김병기, 「이중섭의 소·문학수의 말…식민치하 조선 민족의 상징」, 한겨레신문, 2017.06.03.

18 「이남덕 여사 인터뷰」, 『계간미술』 38호, 1986년 여름호, 49쪽.

19 김광림, 「나의 이중섭 체험」, 『이중섭의 사랑과 예술』, 백미사, 1981, 23쪽.

20 「이남덕 여사 인터뷰」, 『계간미술』 38호, 1986년 여름호, 51쪽.

21 「이남덕 여사 인터뷰」, 『계간미술』 38호, 1986년 여름호, 50쪽.

22 전은자, 「현장에서 본 이중섭 연구의 과제」, 『한국근현대미술사학』 32, 근현대미술사학회, 2016, 182쪽.

23 오누키 도모코, 『이중섭, 그 사람』, 혜화1117, 2023, 189쪽.

24 사카이 아츠코, 〈이중섭의 아내〉, 2016, 이남덕 편지.

25 「이남덕 여사 인터뷰」, 『계간미술』 38호, 1986년 여름호, 51쪽.

26 양명문, 「미의 사도, 이중섭」, 『무엇이든 사랑할 만하며』, 샘터, 1988, 164쪽.

27 고은, 『이중섭 평전』, 향연, 2004, 185쪽.

28 오누키 도모코, 『이중섭, 그 사람』, 혜화1117, 2023, 192~193쪽.

29 오누키 도모코, 『이중섭, 그 사람』, 혜화1117, 2023, 191쪽.

30 전은자, 「현장에서 본 이중섭 연구의 과제」, 『한국근현대미술사학』 32, 근현대미술사학회, 2016, 182쪽.

31 「이남덕 여사 인터뷰」, 『계간미술』 38호, 1986년 여름호, 51쪽.

32 양명문, 「미의 사도, 이중섭」, 『무엇이든 사랑할 만하며』, 샘터, 1988, 164쪽.

33 송혜수, 「이중섭의 부산시절 5」, 부산일보, 1976.04.06.

34 한상돈, 「이중섭의 부산시절 9」, 부산일보, 1976.04.12.

35 사카이 아츠코, 〈이중섭의 아내〉, 2016.

36 송혜수, 「이중섭의 부산시절 5」, 부산일보, 1976.04.06.

37 양명문, 「미의 사도, 이중섭」, 『무엇이든 사랑할 만하며』, 샘터, 1988, 164쪽.

5장 이중섭과 돈

1 박고석, 「명사교류도」, 『박고석』, 열화당, 1994, 225쪽.

2 송혜수, 「이중섭의 부산시절 5」, 부산일보, 1976.04.06.

3 백영수, 『성냥갑 속의 메시지』, 재단법인 백영수미술문화재단, 2018, 252쪽.

4 백영수, 『성냥갑 속의 메시지』, 재단법인 백영수미술문화재단, 2018, 252쪽.

5 고은, 『이중섭 평전』, 향연, 2004, 258쪽.

6 김광림, 「나의 이중섭 체험」, 『이중섭의 사랑과 예술』, 백미사, 1981, 33쪽.

7 구상, 「그때 그 일들 〈231〉-천진난만한 이중섭」, 동아일보, 1976.10.06.

8 조정자, 「이중섭의 생애와 예술」, 홍익대학교 석사 논문, 1971, 17쪽.

9 송혜수, 「이중섭의 부산시절 2」, 부산일보, 1976.04.02.

10 한상돈, 「이중섭의 부산시절 7」, 부산일보, 1976.04.09.

11 송혜수, 「이중섭의 부산시절 3」, 부산일보, 1976.04.03.

12 김규동, 「이중섭의 인간과 예술」, 『이중섭의 사랑과 예술』, 백미사, 1981, 56쪽.

13 김규동, 「이중섭의 인간과 예술」, 『이중섭의 사랑과 예술』, 백미사, 1981, 56쪽.

6장 52년 여름, 동천 아틀리에

1 최열, 『이중섭 평전』, 돌베개, 2014, 324쪽.

2 박고석, 「명사교류도」, 『박고석』, 열화당, 1994, 224쪽.

3 박고석, 「박고석 연보」, 『박고석』, 열화당, 1994, 386쪽.

4 박고석, 「보따리 살림」, 『박고석』, 열화당, 1994, 99쪽.

5 황인, 「부산 피난 시절 박고석의 카레 식당, 동업자 이중섭은…」, 중앙선데이 614호, 2018.12.15.

6 황인, 「부산 피난 시절 박고석의 카레 식당, 동업자 이중섭은…」, 중앙선데이 614호, 2018.12.15.

7 정준모, 「정준모의 한국미술과 부산 5」, 국제신문, 2010.09.19.

8 황인, 「부산 피난 시절 박고석의 카레 식당, 동업자 이중섭은…」, 중앙선데이 614호, 2018.12.15.

9 박고석, 「동가식 서가숙」, 『박고석』, 열화당, 1994, 112쪽

10 황인, 「부산 피난 시절 박고석의 카레 식당, 동업자 이중섭은…」, 중앙선데이 614호, 2018.12.15.

11 고은, 『이중섭 평전』, 향연, 2004, 309쪽.

12 최열, 『이중섭 평전』, 돌베개, 2014, 324쪽.

13 부산공고 동창회에 물어봄. 1951년 당시는 범일동 810번지라고 함. 현재는 문현동781번지.

14 「박고석」, 『민족문화대백과』.

7장 52년 가을, 영도 대한도기 작업실

1 김서봉, 「나의 청춘시절」, 매일경제, 1990.07.28.

2 최열, 『이중섭 평전』, 돌베개, 2014, 327쪽.

3 표준국어대사전

4 이현주, 「대한도기 근대도자산업과 예술의 경계를 너머」, 『항도부산』 26, 부산광역시 시사편찬위원회, 2010, 4쪽.

5 이현주, 「대한도기 근대도자산업과 예술의 경계를 너머」, 『항도부산』 26, 부산광역시 시사편찬위원회, 2010, 5쪽.

6 이현주, 「대한도기 근대도자산업과 예술의 경계를 너머」, 『항도부산』 26, 부산광역시 시사편찬위원회, 2010, 6쪽.

7 이현주, 「대한도기 핸드페인팅 도자접시 고찰」, 『항도부산』 33, 부산광역시 시사편찬위원회, 2017, 240쪽.

8 이현주, 「대한도기 핸드페인팅 도자접시 고찰」, 『항도부산』 33, 부산광역시 시사편찬위원회, 2017, 245쪽.

9 이현주, 「피란예술가들과 대한도기」, 『피란수도 부산 절망 속에 핀 꽃』, 부산시립미술관, 2018, 158쪽.

10 정준모, 「정준모의 한국미술과 부산 〈12〉 유일한 생계수단-도기에 꿈을 그리다」, 국제신문, 2010.11.14.

11 정준모, 「정준모의 한국미술과 부산 〈12〉 유일한 생계수단-도기에 꿈을 그리다」, 국제신문, 2010.11.14.

12 『임시수도천일』, 부산일보사, 1985, 786쪽.

13 『임시수도천일』, 부산일보사, 1985, 786쪽.

14 김서봉, 「나의 청춘시절」, 매일경제, 1990.07.28.

15 이현주, 「대한도기 근대도자산업과 예술의 경계를 너머」, 『항도부산』 26, 부산광역시 시사편찬위원회, 2010, 21쪽.

16 이현주, 「피란예술가들과 대한도기」, 『피란수도 부산 절망 속에 핀 꽃』, 부산시립미술관, 2018, 159쪽.

17 이현주, 「피란예술가들과 대한도기」, 『피란수도 부산 절망 속에 핀 꽃』, 부산시립미술관, 2018, 159쪽.

18 김서봉, 「나의 청춘시절」, 매일경제, 1990.07.28.

19 송혜수, 「이중섭의 부산시절 3」, 부산일보, 1976.04.03.

20 구상, 「화가 이중섭 이야기 (하)」, 동아일보, 1958.09.10.

21 양명문, 「미의 사도, 이중섭」, 『무엇이든 사랑할 만하며』, 샘터사, 1988, 161~162쪽.

22 이중섭, 양억관 옮김, 『이중섭 편지』, 현실문화, 2015, 142쪽.

23 이중섭, 박재삼 옮김, 『이중섭 편지와 그림들』, 다빈치, 2013, 20쪽.
(양억관 번역에는 '진실한 화공')
24 구상, 「이중섭의 발병전후」, 『문학사상』 34, 문학사상사, 1974, 342쪽.
25 구상, 「화가 이중섭 이야기 그의 치명과 예술과 인간(상)」, 동아일보, 1958.09.09.
26 구상, 「이중섭의 발병전후」, 『문학사상』 34, 문학사상사, 1974, 343쪽.
27 손성은, 「이중섭 심리부검」, 『인문미술사학』 12, 2016, 194쪽.
28 김서봉, 「나의 청춘시절」, 매일경제, 1990.07.28.
29 김영주, 「내가 아는 이중섭 (3)」, 중앙일보, 1986.07.05.
30 이활, 『이중섭의 사랑과 예술』, 백미사, 1981, 220쪽.
31 구상, 「그때 그 일들 〈231〉-천진난만한 이중섭」, 동아일보, 1976.10.06.
32 구상, 「그때 그 일들 〈231〉-천진난만한 이중섭」, 동아일보, 1976.10.06.
33 두산백과
34 손성은, 「이중섭 심리부검」, 『인문미술사학』 12, 2016, 247~249쪽.

8장 52년 겨울, 문현동 판잣집

1 이중섭, 박재삼 옮김, 『이중섭 편지와 그림들』, 다빈치, 2013, 15쪽.
2 박고석, 「박고석 연보」, 『박고석』, 열화당, 1994, 386쪽.
3 김순자, 「이중섭밖에 모르던 남편 미워… 선생 그림을 땔감으로 썼죠」, 조선일보, 2017.04.25.
4 고은, 『이중섭 평전』, 향연, 2004, 179쪽.
5 김규동, 「이중섭의 인간과 예술」, 『이중섭의 사랑과 예술』, 백미사, 1981, 58쪽.
6 김규동, 「이중섭의 인간과 예술」, 『이중섭의 사랑과 예술』, 백미사, 1981, 57~58쪽.
7 김규동, 「이중섭의 인간과 예술」, 『이중섭의 사랑과 예술』, 백미사, 1981, 59쪽.
8 손성은, 「이중섭 심리부검」, 『인문미술사학』 12, 2016, 205쪽.
9 김춘수 시, 이중섭, 박재삼 옮김, 『이중섭 편지와 그림들』, 다빈치, 2011, 7쪽 재인용.
10 이중섭, 양억관 옮김, 『이중섭 편지』, 현실문화, 2015, 236쪽.
11 한상돈, 「이중섭의 부산시절 9」, 부산일보, 1976.04.12.
12 김규동, 「이중섭의 인간과 예술」, 『이중섭의 사랑과 예술』, 백미사, 1981, 58~59쪽.

13 「이남덕 여사 인터뷰」, 『계간미술』 38호, 1986년 여름호, 44쪽.

14 김광림, 「나의 이중섭 체험」, 『이중섭의 사랑과 예술』, 백미사, 1981, 22~23쪽.

15 이중섭, 박재삼 옮김, 『이중섭 편지와 그림들』, 다빈치, 2011, 5쪽.

16 구상, 「화가 이중섭 이야기 그의 치명과 예술과 인간(하)」, 동아일보, 1958.09.10.

17 구상, 「내가 아는 이중섭 (5) 게 너무 잡아먹었다」, 중앙일보, 1986.07.12.

18 구상, 「그때 그 일들 〈231〉-천진난만한 이중섭」, 동아일보, 1976.10.06.

19 『부산의 자연마을』 1권, 부산광역시 시사편찬위원회, 2006, 239쪽.

20 『부산지명총람』 3권, 부산광역시 시사편찬위원회, 1997, 49쪽.

21 『부산지명총람』 3권, 부산광역시 시사편찬위원회, 1997, 48쪽.

22 『부산의 자연마을』 1권, 부산광역시 시사편찬위원회, 2006, 240쪽.

23 『부산의 자연마을』 1권. 부산광역시 시사편찬위원회. 2006, 246쪽.

9장 부산의 다방과 이중섭

1 국제신보, 1953년 5월 27일.(『부산, 1950's』, 임시수도기념관, 2013, 58쪽에서 재인용)

2 권혁범, 김영록, 「대안 만드는 사회로 〈4-하〉 관광, 바다 말고 산도 보자-피란수도는 문화 용광로」, 국제신문, 2017.02.12.

3 송혜수, 「이중섭의 부산시절 5」, 부산일보, 1976.04.06.

4 부산일보, 1954.06.21

5 허종배, 「이중섭의 부산시절 10」, 부산일보, 1976.04.13.

6 허종배, 「이중섭의 부산시절 10」, 부산일보, 1976.04.13.

7 백영수, 『성냥갑 속의 메시지』, 재단법인 백영수미술문화재단, 2018, 225~226쪽.

8 「금강다방」, 부산역사문화대전.

9 김동리, 김동리기념사업회 엮음, 『김동리 문학전집 12 밀다원시대』, 계간 문예, 2013, 91쪽.

10 백영수, 『성냥갑 속의 메시지』, 재단법인 백영수미술문화재단, 2018, 222쪽.

11 최열, 『이중섭 평전』, 돌베개, 2014, 355~356쪽.

12 부산일보, 1950.11.25.

13 부산일보, 1951.09.20.

14 송명희, 「「밀다원 시대」에 나타난 '부산'과 '밀다원'의 장소감」, 『한국문학이론과 비평』 54, 2012, 58쪽.

15 「다방의 대명사 '밀다원' 어디 있었을까」, 부산일보, 2017.08.30.

16 송명희, 「「밀다원 시대」에 나타난 '부산'과 '밀다원'의 장소감」, 『한국문학이론과 비평』 54, 2012, 54쪽.

17 김동리, 김동리기념사업회 엮음, 「김동리 문학전집 12 밀다원시대」, 계간 문예, 2013, 58쪽.

18 김동리, 김동리기념사업회 엮음, 「김동리 문학전집 12 밀다원시대」, 계간 문예, 2013, 64쪽.

19 송명희, 「「밀다원 시대」에 나타난 '부산'과 '밀다원'의 장소감」, 『한국문학이론과 비평』 54, 2012, 61쪽

20 송명희, 「「밀다원 시대」에 나타난 '부산'과 '밀다원'의 장소감」, 『한국문학이론과 비평』 54, 2012, 65쪽

21 백영수, 『성냥갑 속의 메시지』, 재단법인 백영수미술문화재단, 2018, 222쪽.

22 최열, 『이중섭 평전』, 돌베개, 2014, 319쪽.

23 백영수, 『성냥갑 속의 메시지』, 재단법인 백영수미술문화재단, 2018, 229쪽.

24 표준국어대사전

25 「담뱃갑 속 은종이에 그린 은지화」, EBS 어린이 지식e.

26 김서봉, 「나의 청춘시절」, 매일경제, 1990.07.28.

27 백영수, 『성냥갑속의 메시지』, 재단법인 백영수미술문화재단, 2018, 226~227쪽.

28 「이남덕 여사 인터뷰」, 『계간미술』 38호, 1986년 여름호, 47쪽.

29 최열, 『이중섭 평전』, 돌베개, 2014, 363쪽.

10장 53년 봄, 대청동 1가 20

1 최열, 『이중섭 평전』, 돌베개, 2014, 377쪽.

2 이중섭, 양억관 옮김, 『이중섭 편지』, 현실문화, 2015, 21쪽.

3 이중섭, 양억관 옮김, 『이중섭 편지』 현실문화, 2015, 23쪽.

4 최열, 『이중섭 평전』, 돌베개, 2014, 382쪽.

5 최열, 『이중섭 평전』, 돌베개, 2014, 382쪽.

6 이중섭, 양억관 옮김, 『이중섭 편지』, 현실문화, 2015, 46~47쪽.

7 「중구의 토박이가 기억하는 부산」, 『부산역사문화대전』.

8 경향신문, 1953.11.29.

9 이중섭, 양억관 옮김, 『이중섭 편지』, 현실문화, 2015, 21쪽.

10 이중섭, 양억관 옮김, 『이중섭 편지』, 현실문화, 2015, 23쪽.

11 박명섭, 「한진해운! 한국해운!」, 한겨레, 2016.12.29.

12 경향신문, 1952.07.13.

13 오누키 도모코, 『이중섭, 그 사람』, 혜화1117, 2023, 219쪽.

14 「이남덕 여사 인터뷰」, 『계간미술』 38호, 1986년 여름호, 52쪽.

15 전은자, 「현장에서 본 이중섭 연구의 과제」, 『한국근현대미술사학』 32, 근현대미술사학회, 2016, 183쪽. 예전에는 부산에 일본 책 전문 서점이 여러 군데 있었다고 한다. 2023년 현재는 용두산공원 아래에 하나만 남아 있다.

16 오누키 도모코, 『이중섭, 그 사람』, 혜화1117, 2023, 222쪽.

17 오누키 도모코, 『이중섭, 그 사람』, 혜화1117, 2023, 220쪽.

18 이중섭, 박재삼 옮김, 『이중섭 편지와 그림들』, 다빈치, 2013, 15~20쪽.

19 「이남덕 여사 인터뷰」, 『계간미술』 38호, 1986년 여름호, 52쪽.

20 「이남덕 여사 인터뷰」, 『계간미술』 38호, 1986년 여름호, 52쪽.

21 이중섭, 박재삼 옮김, 『이중섭 편지와 그림들』, 다빈치, 2013, 20쪽.

22 이중섭, 박재삼 옮김, 『이중섭 편지와 그림들』, 다빈치, 2013, 15쪽.

23 이중섭, 박재삼 옮김, 『이중섭 편지와 그림들』, 다빈치, 2013, 22~23쪽.

24 이중섭, 박재삼 옮김, 『이중섭 편지와 그림들』, 다빈치, 2013, 22~23쪽.

25 이중섭, 양억관 옮김, 『이중섭 편지』, 현실문화, 2015, 35쪽.

26 이중섭, 양억관 옮김, 『이중섭 편지』, 현실문화, 2015, 57, 62~63쪽.

27 이활, 『이중섭의 사랑과 예술』, 백미사, 1981, 256쪽.

28 한상돈, 「이중섭의 부산시절 8」, 부산일보, 1976.04.10.

29 전혁림, 「내가 아는 이중섭 (6)」, 중앙일보, 1986.07.15.

30 이중섭, 양억관 옮김, 『이중섭 편지』, 현실문화, 2015, 209쪽.

31 이중섭, 양억관 옮김, 『이중섭 편지』, 현실문화, 2015, 213쪽.

32 이중섭, 양억관 옮김, 『이중섭 편지』, 현실문화, 2015, 214쪽.

33 이중섭, 양억관 옮김, 『이중섭 편지』, 현실문화, 2015, 222쪽.

34 이중섭, 양억관 옮김, 『이중섭 편지』, 현실문화, 2015, 230쪽.

11장 53년 여름, 가을, 영주동 〈판잣집 화실〉

1 이중섭, 양억관 옮김, 『이중섭 편지』, 현실문화, 2015, 50쪽.

2 이중섭, 양억관 옮김, 『이중섭 편지』, 현실문화, 2015, 52쪽.

3 이중섭, 양억관 옮김, 『이중섭 편지』, 현실문화, 2015, 54~55쪽.

4 최열, 「이중섭 주요 연보」, 『이중섭 평전』, 돌베개, 2014, 812쪽.

5 이활, 『이중섭의 사랑과 예술』, 백미사, 1981, 221~223쪽.

6 스웨덴 의료 부대, 부산 서면 롯데백화점 부산본점 자리에 있었다.

7 이중섭, 양억관 옮김, 『이중섭 편지』, 현실문화, 2015, 46쪽.

8 「피난살이 3년의 발자취 5」, 동아일보, 1953.07.18.

9 최은정, 「스웨덴 참전 기념비」, 『부산역사문화대전』.

10 〈한국전쟁 70주년 피란 1023: 나의 스웨덴 병원〉, KNN, 2020.09.01.

11 〈한국전쟁 70주년 피란 1023: 나의 스웨덴 병원〉, KNN, 2020.09.01.

12 이활, 『이중섭의 사랑과 예술』, 백미사, 1981, 198쪽.

13 최열, 『이중섭 평전』, 돌베개, 2014, 812쪽.

14 김광림, 「나의 이중섭 체험」, 『이중섭의 사랑과 예술』, 백미사, 1981, 25쪽.

15 이중섭, 박재삼 옮김, 『이중섭 편지와 그림들』, 다빈치, 2013, 113쪽

16 이중섭, 박재삼 옮김, 『이중섭 편지와 그림들』, 다빈치, 2013, 133쪽

17 이영진, 「이중섭연보」, 『한국문학사』, 1979, 157쪽.

18 고은, 『이중섭 평전』, 향연, 2004, 311쪽.

19 조정자, 「이중섭의 생애와 예술」, 홍익대학교 석사 논문, 1971, 22쪽.

20 이영진, 「이중섭 연보」, 『대향 이중섭』, 한국문학사, 1979, 157쪽.

21 최열, 『이중섭 평전』, 돌베개, 2014, 531쪽.

22 최석태, 『이중섭 평전』, 돌베개, 2000, 207쪽.

23 전창원, 「전창원의 서귀포, 이중섭을 읽다」, 제민일보, 2008.07.23.

24 이중섭, 양억관 옮김, 『이중섭 편지』, 현실문화, 2015, 53쪽.

25 오누키 도모코, 『이중섭, 그 사람』, 혜화1117, 2023, 244쪽.

26 이중섭, 양억관 옮김, 『이중섭 편지』, 현실문화, 2015, 52쪽.

27 전창원, 「전창원의 서귀포, 이중섭을 읽다」, 제민일보, 2008.07.23.

28 조정자, 「이중섭의 생애와 예술」, 홍익대학교 석사 논문, 1971, 21쪽.

29 고은, 『이중섭 평전』, 향연, 2004, 215쪽.

30 김규동, 「이중섭의 인간과 예술」, 『이중섭의 사랑과 예술』, 백미사, 1981, 60쪽.

31 한묵, 「내가 아는 이중섭 7」, 중앙일보, 1986.07.19.

32 최열, 『이중섭 평전』, 돌베개, 2014, 274쪽.

33 「왜관」, 한국민족문화대백과.

34 약조제찰비(1683년)

35 양홍숙, 「초량 객사」, 『부산역사문화대전』.

36 『산복도로이야기』, 산리협동조합, 2014, 21쪽.

37 「칠천여 명이 집중된 어린같은 산상 주가」, 동아일보, 1934.03.31.

38 최원규, 「19세기 후반·20세기 초 경남지역 일본인 지주의 형성과정과 투자사례」, 『한국민족문화』 14, 1999, 148쪽.

39 「박가이 거처」, 『산복도로이야기』, 산리협동조합, 2014, 127쪽.

40 부산서구청 홈페이지

41 「칠천여 명이 집중된 어린같은 산상 주가」, 동아일보, 1934.03.31.

42 「칠천여 명이 집중된 어린같은 산하 주가」, 동아일보, 1934.03.31.

43 「대구고법 원고청구를 기각」, 부산일보, 1956.11.11.

44 「칠천여 명이 집중된 어린같은 산하 주가」, 동아일보, 1934.03.31.

45 「칠천여 명이 집중된 어린같은 산하 주가」, 동아일보, 1934.03.31.

46 「피난살이 3년의 발자취 ⑤ 주택편 산기슭 천변가 다리밑 판잣집 그나마도 안식처였다」, 동아일보, 1953.07.18.

47 차철욱, 류지석, 손은하, 「한국전쟁 피란민들의 부산 이주와 생활공간」, 『민족문

화논총 45』, 2010, 273쪽.

48 『임시수도천일』, 부산일보사, 1985, 565쪽.

49 차철욱, 「피란민의 부산 정착」, 부산역사문화대전.

50 국제신문, 1952.12.12; 차철욱, 류지석, 손은하, 「한국전쟁 피란민들의 부산 이주와 생활공간」, 『민족문화논총』 45, 2010, 262쪽에서 재인용

51 김종필, 「평안도에서 피란 와서 주경야독으로 졸업장을 따다」, 『6·25피란생활사 피란민의 삶과 기록』, 부산발전연구원, 2016, 186쪽.

52 신광전, 「충청도 괴산에서 피란와 태극도인 아버지 대신 가족을 책임지다」, 『6·25 피란생활사 피란민의 삶과 기록』, 부산발전연구원, 2016, 85쪽.

53 김종필, 「평안도에서 피란 와서 주경야독으로 졸업장을 따다」, 『6·25피란생활사 피란민의 삶과 기록』, 부산발전연구원, 2016, 187쪽.

54 최석태, 「최석태의 부산미술 이야기〈3〉 이중섭과 부산」, 국제신문, 2010.12.26.

55 장병윤, 「부산진 대화재」, 『부산역사문화대전』.

56 노형석, 「국민화가 이중섭 기획전이 아쉬운 이유」, 한겨레신문, 2016.06.06.

57 이중섭, 양억관 옮김, 『이중섭 편지』, 현실문화, 2015, 72쪽.

12장 광복동 검문소

1 한상돈, 「이중섭의 부산시절 6」, 부산일보, 1976.04.08.

2 송혜수, 「이중섭의 부산시절 1」, 부산일보, 1976.04.02.

3 안도현, 『백석 평전』, 다산북스, 2014, 306쪽.

4 최열, 『이중섭 평전』, 돌베개, 2014, 216쪽.

5 「이남덕 여사 인터뷰」, 『계간미술』 38호, 1986년 여름호, 48쪽.

6 김광림, 「겉치레 인사말을 가장 싫어해」, 중앙일보, 1986.07.26.

7 한상돈 「이중섭의 부산시절 7」, 부산일보, 1976.04.08.

8 한묵, 「내가 아는 이중섭〈7〉」, 중앙일보, 1986.07.19.

9 「이남덕 여사 인터뷰」, 『계간미술』 38호, 1986년 여름호, 48쪽.

10 최열, 『이중섭 평전』, 돌베개, 2014, 37쪽.

11 고은, 『이중섭 평전』, 향연, 2004, 223쪽.

12 고은, 『만인보 20』, 창비, 2004, 163쪽.

13 손성은, 「이중섭 심리부검」, 『인문미술사학』 12, 2016, 189쪽.

14 이중섭, 양억관 옮김, 『이중섭 편지』, 현실문화, 2015, 11쪽.

15 사카이 아츠코, 〈이중섭의 아내〉, 2016.

부산에서 찾아보는 이중섭 흔적

초판 1쇄 발행 2023년 12월 29일

지은이 정석우
펴낸이 권경옥
펴낸곳 해피북미디어
등록 2009년 9월 25일 제2017-000001호
주소 부산광역시 동래구 우장춘로68번길 22
전화 051-555-9684 | 팩스 051-507-7543
전자우편 bookskko@gmail.com

ISBN 978-89-98079-82-6 03600

* 책값은 뒤표지에 있습니다.
* 잘못 만들어진 책은 구입처에서 교환해드립니다.
* 본 도서는 2023년 부산광역시, 부산문화재단 '부산문화예술지원사업'으로 지원을 받았습니다.

부산광역시 BUSAN METROPOLITAN CITY 부산문화재단